LA VOIE HUMAINE

DU MÊME AUTEUR

Essais :
Analyse économique de la vie politique, PUF, 1973.
Modèles politiques, PUF, 1974.
L'Anti-économique (avec Marc Guillaume), PUF, 1975.
La Parole et l'Outil, PUF, 1976.
Bruits, PUF, 1977, nouvelle édition Fayard, 2000.
La Nouvelle Économie française, Flammarion, 1978.
L'Ordre cannibale, Grasset, 1979.
Les Trois Mondes, Fayard, 1981.
Histoires du Temps, Fayard, 1982.
La Figure de Fraser, Fayard, 1984.
Au propre et au figuré. Histoire de la propriété, Fayard, 1988.
Lignes d'horizon, Fayard, 1990.
1492, Fayard, 1991.
Économie de l'Apocalypse, Fayard, 1994.
Chemins de sagesse : traité du labyrinthe, Fayard, 1996.
Mémoires de sabliers, Éditions de l'Amateur, 1997.
Dictionnaire du XXIᵉ siècle, Fayard, 1998.
Fraternités, Fayard, 1999.
Les Juifs, le monde et l'argent, Fayard, 2002.
L'Homme nomade, Fayard, 2003.

Romans :
La Vie éternelle, roman, Fayard, 1989.
Le Premier Jour après moi, Fayard, 1990.
Il viendra, Fayard, 1994.
Au-delà de nulle part, Fayard, 1997.
La Femme du menteur, Fayard, 1999.
Nouv'elles, Fayard, 2002.

Biographies :
Siegmund Warburg, un homme d'influence, Fayard, 1985.
Blaise Pascal, ou le génie français, Fayard, 2000.

Théâtre :
Les Portes du Ciel, Fayard, 1999.

Contes pour enfants :
Manuel, l'enfant-rêve (ill. par Philippe Druillet), Stock, 1995.

Mémoires :
Verbatim I, Fayard, 1993.
Europe(s), Fayard, 1994.
Verbatim II, Fayard, 1995.
Verbatim III, Fayard, 1995.

Jacques Attali

La voie humaine

Pour une nouvelle social-démocratie

Fayard

« *Être de gauche ou être de droite, c'est choisir une des innombrables manières qui s'offrent à l'homme d'être un imbécile ; toutes deux, en effet, sont des formes d'hémiplégie morale. De plus, la persistance de ces qualificatifs ne contribue pas peu à falsifier encore davantage la "réalité" du présent, déjà fausse par elle-même ; car nous avons bouclé la boucle des expériences politiques auxquelles ils correspondent, comme le démontre le fait qu'aujourd'hui les droites promettent des révolutions et les gauches proposent des tyrannies... »*

José ORTEGA Y GASSET,
La Révolte des masses, 1930.

Depuis un siècle, deux mutations majeures ont eu lieu : en même temps qu'elle doublait son espérance de vie grâce à la médecine et à l'enrichissement général, l'humanité s'est dotée des moyens de se suicider – l'arme nucléaire, le changement climatique, la rage des hommes, la violence aveugle, la transformation progressive de l'espèce humaine en marchandise éphémère.

Plus personne ne semble avoir le contrôle de cette évolution. Pendant que les principales richesses s'accumulent entre quelques milliers de mains, les nations, si longtemps aux commandes, perdent leur influence sur le cours général des choses et abandonnent dans la globalisation tout moyen d'orienter le destin du monde et de résister aux multiples formes que prend la terreur. À l'intérieur de chaque pays, la politique a de moins en moins de prise sur le réel, et de moins en moins de gens s'y intéressent. Chacun voit bien que les programmes des partis dits « de gouvernement » sont de plus en plus limités, indiscernables, et que les gouvernants se contentent de gérer l'inévitable tout en assurant du mieux qu'ils peuvent la sécurité. L'individualisme triomphe. Plus personne, ou presque, ne croit que changer la vie des autres est important pour soi. Plus personne, ou presque, ne pense que voter peut changer significativement sa condition, *a fortiori* celle du monde. Les élections sont devenues un rituel de plus en plus insignifiant, sensible au moindre vent. Les citoyens s'éloignent de plus en plus d'un spectacle politique devenu insipide. La démocratie en Occident n'est plus, pour beaucoup, la grande affaire pour laquelle tant de générations se sont battues. Au point qu'on peut se demander si cela a encore un sens de se dire de gauche ou de droite ; de prétendre, par la politique, canaliser, orienter ou détourner les grandes forces qui nous entraînent ; d'espérer échapper au chaos qui s'annonce par un acte de liberté – un acte politique.

Ce qui se joue à l'intérieur des partis politiques, dans chacun des grands pays du monde, influera sur la réponse à ces questions. Leur aptitude à réfléchir, à comprendre les enjeux, à choisir un projet et des moyens d'action, détermine de façon non négligeable l'avenir de l'humanité. Même si peu de gens sont aujourd'hui prêts à l'admettre, il existe un lien entre les dérisoires batailles de chefs au sein des partis et les répliques données aux grandes menaces qui pèsent sur notre monde : les unes distraient de la peur des autres.

La gauche en particulier s'est donné comme ambition, depuis plus d'un siècle, de parler du long terme et de fonder un projet politique sur une morale ; or elle n'est presque plus rien d'autre, partout dans le monde, qu'une agence de placement de quelques talents distillant des mots d'esprit à l'intention des caméras.

Il est facile de comprendre pourquoi les dirigeants des grands partis ont ainsi abdiqué toute ambition programmatique : il leur suffit, pour avoir la meilleure chance de l'emporter, de prendre une attitude d'opposition et de clamer que l'autre, au pouvoir, « casse tout ». Les dernières élections régionales en France en apportent la preuve. Il n'est même plus nécessaire de le justifier, ni même d'y croire, encore moins de dire ce qu'on ferait à la place. Au contraire, il convient surtout d'éviter d'avoir un programme, parce que cela pourrait cristalliser l'opposition de ceux qui n'en seraient pas les principaux bénéficiaires, sans pour autant s'attirer les faveurs de ceux qui pourraient trouver à y gagner.

Aucun homme politique sérieux n'a donc plus intérêt à avoir un projet quand il lui suffit d'avoir une posture. Les partis de droite comme de gauche n'ont plus de raison d'énoncer une doctrine, ni même une analyse du monde, encore moins une éthique, quand il leur suffit de brandir un slogan et de choisir un dirigeant photogénique ou rassurant.

Partout dans le monde développé, la politique perd ainsi sa principale raison d'être ; elle cesse de proposer des chemins aux citoyens. Comme inconscients du privilège immense dont ils bénéficient en vivant en démocratie, ces peuples fatigués se résignent à ne plus rien en attendre et s'installent dans le scepticisme et l'individualisme, zappant d'un camp à l'autre lors des élections. Les partis sont désertés, laissant les militants se diriger vers d'autres causes d'ordre civique ou humanitaire sans relation aucune avec le destin de la République.

Pendant ce temps, les progrès de la technique, les mutations des mœurs, la mondialisation des marchés, la délocalisation des emplois, la fragmentation des entités géographiques ou culturelles, le retour du religieux, la prise de conscience écologique, la prolifération de la violence, le retour et la multiplication des épidémies bouleversent les rapports de force entre les sociétés et rognent plus encore les moyens de l'action démocratique.

Face à un tel désenchantement, quand ils expriment encore des idées ou des projets, les partis dits « de gouvernement » se contentent en général de vagues promesses et de péremptoires positions de principe. Les droites s'identifient à l'idéal que véhicule le marché – l'exercice de la liberté politique individuelle – et proposent à leurs électeurs de les libérer des dernières contraintes collectives tout en garantissant la sécurité de leurs biens et de leurs personnes. Les gauches, elles, n'ont pas de projet aussi simple à leur disposition : elles n'ont pas la faculté d'opposer à la liberté politique, qui peut être rêvée comme absolue, l'égalité qui ne saurait l'être, ni le partage qui risque de n'être que celui du manque. Elles n'ont plus de modèle : nul ne croit plus que le communisme soit la société idéale ; l'appropriation collective des moyens de production n'est plus un but, ni même un moyen d'émancipation des hommes ; le Plan est devenu pour beaucoup, même à gauche, un symbole de bureaucratie, d'arbitraire et de gaspillage ; les conseils ouvriers et l'autogestion apparaissent comme définitivement impraticables. Le marché et la démocratie semblent donc les seuls mécanismes acceptables de décision collective.

Pourtant, leur usage par la gauche est de plus en plus confus. Là où ils existent encore, les communistes ne savent pas dire comment partager les richesses sans remettre en cause les libertés. Les Verts ne savent pas non plus expliquer de façon crédible comment lutter de façon efficace contre les diverses menaces qu'ils dénoncent sans instaurer une dictature. Quant aux extrêmes gauches, elles proposent d'en finir avec les marchés sans jamais préciser par quoi les remplacer.

Les socialistes, eux, se montrent en général plus prudents dans leurs promesses. Mais, en contrepartie, ils restent sans analyse, sans ambition, sans élan, sans rêve, sans autre programme que de piloter leur pays au plus près, dans les tempêtes du moment. Ils proposent une façon plus ou moins douce de gérer ce que l'économie de marché veut bien concéder à la démocratie, tout en défendant ce qui peut l'être encore des acquis des temps heureux de l'État-providence. Leur programme se réduit ainsi peu à peu, dans tous les pays, à une sorte d'individualisme nonchalant, vaguement solidaire, fait d'égalitarisme et de protection sociale, de loisir et de consommation, mêlant utopie déclamatoire et réalisme prudent. Quant à la tribu des « intellectuels », là où elle existe encore, elle n'est plus, trop souvent, qu'un groupement de défense des intérêts d'une élite autoproclamée.

Au total, dans tous les pays démocratiques – de la France à la Suède, des États-Unis à l'Italie, de la Grande-Bretagne à l'Espagne, du Japon au Mexique – et même là où les plus fols espoirs ont été placés en un dirigeant « différent », comme au Brésil, au Pérou, en Afrique du Sud, le libéralisme politique et économique triomphe jusque dans la morale et la pensée des gauches.

Les partis sociaux-démocrates ne sortent pas électoralement indemnes de cette volte-face idéologique. Les mieux établis sont remis en cause dans leur existence même : en Italie, ils ont tout simplement disparu sous l'effet de la désillusion et de la corruption ; ailleurs, comme en Grande-Bretagne ou en Allemagne, ils n'ont dû leur survie qu'à leur ralliement explicite à la loi du marché et à leur renonciation aux instruments dont ils se servaient jusqu'ici une fois au gouvernement : plus question de lancer de grands travaux, de toucher au cours de la monnaie, aux taux d'intérêt, aux droits de douane, à la propriété du capital des grandes entreprises ; même le déficit budgétaire est contraint, comme l'est l'imposition de l'épargne et du capital. Toute la doctrine économique traditionnelle de la social-démocratie, faite d'intervention et de redistribution, est remise en cause. Aussi se contente-t-on en général d'une « social-démocratie de marché » s'évertuant à tempérer les rigueurs du marché par les règles de la démocratie.

Par exemple, à l'issue d'une réunion tenue à Stockholm les 22 et 23 février 2002 sous le nom pompeux de « Troisième Sommet des modernisateurs », onze dirigeants de gauche ont résumé leurs travaux dans une déclaration affirmant qu'ils n'étaient « pas de droite », cependant que Tony Blair soulignait qu'en matière d'emploi le seul dirigeant européen avec lequel il se sentait alors en accord était... Silvio Berlusconi !

Devant cette déroute intellectuelle, aux Pays-Bas, au Danemark, en Espagne comme en France, de nouveaux partis, des groupements extrêmes, divers mouvements sociaux ou culturels – intermittents du spectacle, chercheurs, défense des sans-papiers... – surgissent pour rêver d'autres avenirs, conduire d'autres batailles et mener autrement le combat électoral lorsqu'ils en reconnaissent encore la nécessité. Même aux États-Unis, le mouvement radical (qui longtemps refusa de se mêler du processus électoral, avant de provoquer la victoire de George W. Bush en présentant un candidat) jette de nouveau son poids dans la campagne, avec d'autres ambitions.

*

Devant l'amoncellement des problèmes, la faiblesse des solutions proposées, la déshérence des isoloirs, la dislocation des solidarités, l'affaiblissement des services publics, la montée des extrêmes et des violences antidémocratiques, il est plus que jamais nécessaire, en France comme ailleurs, de *faire* de la politique. C'est-à-dire de réfléchir au meilleur usage des considérables richesses du monde et à leur meilleur partage ; de s'opposer à ce qui pourrait menacer la survie de l'humanité ; de donner sa chance à tout ce qui pourrait la rendre plus belle et plus heureuse. D'abord, chacun devrait pouvoir, sans se plier à des consignes, se faire un libre et lucide avis sur la mondialisation, les inégalités, la dégradation du climat, la fin de vie, la génétique, l'émergence des nouvelles puissances, les nouveaux modes d'existence, les conditions de vie et de travail des individus et des nations. Il est temps de penser, d'oser, d'inventer, de s'extraire de la formidable paresse intellectuelle dans laquelle s'engourdissent les partis sous les applaudissements clairsemés de leurs rares partisans. Il est essentiel d'échapper à la domination de la pensée économique qui fixe la norme de façon presque aussi totalitaire que le fit par le passé le système communiste. Il est urgent d'expliquer qu'il existe encore des choix, que les nations ont encore le droit à une ambition, que le monde peut se choisir un destin. Il est tout aussi impératif d'affirmer une morale politique : si la démocratie ne s'occupe pas de morale, c'est au nom de la morale qu'on en finira avec la démocratie.

Bien sûr, tous ces débats ne se résument pas toujours à un affrontement entre une position qui serait de gauche et une autre qui serait de droite. La plupart conduisent cependant à distinguer entre deux grandes attitudes : se fier aux forces du marché, ou s'efforcer de les maîtriser.

Chez ceux qui ne s'en remettraient pas au seul jeu de l'économie, s'éveillera peut-être un désir d'agir. Sans se cantonner à la vulgate social-démocrate, ils pourraient d'abord chercher à comprendre comment sortir de l'engrenage actuel (qui produit tant d'injustices et de violences), sans en casser la dynamique (qui produit tant de richesses) ; ils devraient tenter d'inventer une autre façon de vivre tout en protégeant le meilleur de celle-ci.

C'est le rôle des partis, à commencer par ceux de gauche, que de proposer une telle réflexion aux citoyens. Pour cela, il faudrait en particulier que les socialistes aient le courage de refuser l'alternative débile entre audace et rigueur, qu'ils osent affirmer que ces deux versants de l'avenir sont compatibles, qu'il est possible d'être à la fois économiquement réaliste, socialement ambitieux, culturellement inventif et politiquement libre. Il leur faudrait oser revendiquer la mondialisation comme un projet de gauche, puisque porteur d'universalité ; se dire fiers d'une histoire et d'un mode de vie, celui de l'Occident, qu'envie le reste de la planète, fondé sur la démocratie, la liberté d'entreprendre, le respect des droits de l'homme et une certaine exigence d'équité sociale. Il leur faudrait avoir le cran de réaffirmer que le travail reste une valeur positive et que le progrès ne se réduit pas à l'augmentation du temps d'oisiveté ; et de faire émerger de nouvelles formes de liberté, de bonheur, de responsabilité, de solidarité où chacun aurait intérêt au succès de l'autre.

Il leur faudrait enfin offrir à la droite l'occasion d'un vrai débat dont elle sortirait elle aussi grandie, régénérée, plus inventive et plus généreuse. Pour le plus grand bénéfice de la démocratie, notamment en France.

*

Après le grand espoir de mai 1981 a disparu dans notre pays toute croyance en « changer la vie », voire en une réelle possibilité de l'améliorer. Le seul projet des partis de gouvernement semble se réduire désormais à *maintenir* : à droite, l'ordre ; à gauche, les droits acquis. À droite, lutter contre la violence ; à gauche, contre la pauvreté. Pauvreté contre violence, droite et gauche se renvoyant la balle sur le point de savoir laquelle serait la cause de l'autre. Comme si les Français, inquiets mais en réalité satisfaits de leur sort, ne voyaient plus le reste du monde que comme une menace diffuse mais grandissante pour leur mode de vie. Comme s'ils ne demandaient aux politiques que de retarder le déclin du pays, de prolonger ou ralentir sa décadence. Comme si même le mot, bien timide, de « réforme » commençait à avoir mauvaise presse.

Cette charge contre les partis pourra sembler cruelle ; elle est malheureusement fondée. En France comme ailleurs, aucun des deux camps n'est à l'origine d'un quelconque des grands combats d'aujourd'hui : sur les droits des femmes, l'aide au quart monde, l'éthique médicale, le développement durable, la lutte contre la consommation de toutes les drogues, la préservation des climats, la protection de l'enfance, l'immigration, l'insertion des plus démunis, etc. Aucun des deux camps n'a non plus exprimé d'avis, avant que les événements ne leur imposent de s'en forger un, sur l'euthanasie, le voile, les sans-papiers, les sans-abri, laissant des groupements que l'on nomme parfois « populistes » (beau mot galvaudé et détourné) se faire de plus en plus entendre.

Ni la gauche ni la droite ne disent plus au pays ce à quoi il a encore le droit de rêver, ce à quoi il pourrait aspirer, ni comment il pourrait mieux répartir ses richesses ou écarter les menaces qui pèsent sur lui et que chacun ressent confusément avec effroi. L'une et l'autre ne voient plus en la France qu'un minuscule canton de l'univers qu'il conviendrait de protéger d'une pluie de météorites.

Dans leur sagesse, les électeurs ont déjà signifié leur refus de tout cela aux hommes politiques. Ils l'ont dit plus particulièrement aux socialistes quand, le 21 avril 2002, quinze millions d'entre eux – ouvriers, artisans, commerçants, intellectuels – décidèrent de ne plus voter pour eux, voire de ne plus voter du tout. Depuis lors, pourtant, rien n'a changé ; le discrédit qui entoure la chose publique n'a même fait que grandir.

À gauche, aucun remodelage. Aucun débat. Aucune réflexion approfondie. Aucune proposition concrète. Aucune action d'éclat. Aucun *mea culpa*. Ses anciens électeurs sont de plus en plus dépolitisés ; et s'ils se repolitisent, c'est dans des mouvements en marge. Et si la gauche vient à gagner une élection, comme les régionales de mars 2004, c'est d'abord et avant tout parce que la droite est sanctionnée.

La dérive ne peut donc que continuer, avec tous les risques qui l'accompagnent, y compris celui de voir se renforcer les deux extrêmes. À ce train, la démocratie ne survivrait pas à l'ironie grinçante des urnes si celle-ci en venait à transformer – ce qui n'est pas absolument invraisemblable – le second tour de la future élection présidentielle en un affrontement cauchemardesque entre le candidat d'extrême droite et celui d'un des partis du gouvernement, de gauche ou de droite.

Le Parti socialiste, en particulier, ne sortirait pas indemne d'une prolongation de ce coma intellectuel. Il ne survivrait pas, pour commencer, à un nouveau traumatisme tel que celui d'avril 2002, qui l'écarterait en 2007 une nouvelle fois des responsabilités gouvernementales. Mais, contrairement aux apparences, il ne survivrait probablement pas non plus à la victoire – parfaitement possible –, à la future élection présidentielle, de l'un de ses dirigeants.

En effet, dans l'état actuel des choses, un homme de gauche ne serait pas élu pour faire, mais pour défaire ; il ne serait porteur d'aucun projet significatif autre que celui d'exercer le pouvoir.

Car cela fait déjà longtemps que les Français n'élisent plus jamais personne en soi ; ils reconduisent ou sanctionnent des sortants. Les élections sont d'abord l'occasion d'une défaite : un Président n'est jamais élu, ce sont toujours ses adversaires qui sont battus ; une majorité n'est jamais choisie, c'est toujours une autre qui est rejetée. Ainsi, lors du dernier affrontement présidentiel, la France a écarté Lionel Jospin parce qu'elle ne voyait pas où il voulait l'emmener ; elle a pensé que, quitte à confier le pouvoir à des gestionnaires, mieux valait le laisser à des gens de droite. Demain, elle condamnera vraisemblablement une droite qui se sera à son tour rendue suffisamment impopulaire par ses erreurs, la vacuité de ses projets, les querelles entre ses chefs.

Une fois de plus, si tel était le cas, les Français organiseraient alors une alternance tranquille, sans avoir besoin de croire en son programme pour envoyer l'opposition d'aujourd'hui au pouvoir. Ils ont vu agir la gauche ; ils savent que ses dirigeants ne sont ni meilleurs ni pires que leurs adversaires ; ils connaissent plusieurs d'entre eux qui ont déjà exercé, aux côtés de François Mitterrand, des responsabilités étendues ; ils les devinent capables, au moins autant que leurs adversaires, d'occuper les plus hautes fonctions et de gérer le pays.

Si tel était le sort des urnes, si une victoire de la gauche en 2007 n'était que la résultante d'une sanction frappant la droite – comme en Espagne en mars 2004 –, le Parti socialiste aurait fait la démonstration qu'il n'est plus qu'un réservoir d'hommes, non le porteur d'un projet. Qu'elle gagne ou qu'elle perde, la social-démocratie française ne serait plus qu'une machine à désigner des candidats, rejoignant la droite dans une vague soumission aux idéaux de la classe moyenne – ou, du moins, à ce qu'elle croit qu'ils sont. Elle ne serait plus, de fait, qu'un parti « libéral » parmi d'autres, à peine plus conscient que la droite des enjeux sociaux : *une gauche maladroite.*

Le pays serait alors comme en pilotage automatique, effectuant tous les cinq ans un ravalement de compromis, ratifiant chaque fois un nouveau recul de la démocratie face à un marché plus fort qu'elle. L'État ne serait plus que le spectateur résigné de l'inexorable – et souhaitée par beaucoup – marchandisation du monde.

La France n'acceptera sans doute pas durablement un tel déni de la politique. Elle est encore un pays riche, puissant, conscient de son identité, capable d'enthousiasme, de colère et de révolte. Elle se refusera à voir mille ans et plus de son histoire se diluer quotidiennement dans le marché. Elle réagira d'une façon ou d'une autre si sa classe politique ne le fait pas en son nom.

*

Ces évolutions n'ont encore guère fait l'objet d'une réflexion des socialistes français, en tout cas sur un mode collectif : aucun congrès, aucune convention de leur parti n'a abordé de front ces questions, pourtant fondamentales. Personne ou presque n'y développe une analyse sérieuse des menaces qui planent sur l'humanité – conflits de civilisations, nouvelles armes, etc. – non plus que des enjeux du spectacle auquel sont réduits les débats politiques. Ils ne réfléchissent pas à l'émergence de nouvelles classes, de nouveaux exclus, de nouvelles élites. Encore moins ont-ils réfléchi de manière nourrie et actuelle à la disparition du modèle marxiste qui faisait de l'appropriation collective des moyens de production le chemin obligé de la libération des hommes, ni à celle de la planification qui fut longtemps, à gauche, le maître mot des affaires publiques. Les socialistes français n'ont pas même dressé un bilan approfondi de leur propre passage au pouvoir, en particulier du rôle central qu'a joué François Mitterrand dans leur histoire récente.

Si certains d'entre eux pensent que rien d'important ne fut accompli pendant les quatorze années de sa présence à l'Élysée, d'autres affirment qu'il a été le principal responsable de l'éloignement du peuple de la chose publique ; d'autres encore soutiennent qu'il aurait, le premier, rallié le libéralisme sous prétexte de construire l'Europe. D'aucuns lui reprochent de n'avoir pas osé faire la révolution, tandis que d'autres, au contraire, lui en veulent de ne pas avoir affirmé plus nettement son ralliement au réformisme.

Je ne souscris à aucune de ces critiques, mais mon propos n'est pas de procéder à l'inventaire des succès et des errements d'une gauche maladroite. Il est d'en tirer des leçons pour ce qui reste à accomplir.

Ce livre n'est donc pas le lieu d'un règlement de compte, même si j'y exprime sans ambages ce que je pense des idées et de l'action des uns et des autres. En particulier, il n'est pas l'occasion d'une intrusion dans les querelles internes d'un parti dont je ne suis plus membre depuis mai 1981 : devenu alors le principal collaborateur du président de tous les Français, il ne m'avait pas paru convenable, ni moralement ni politiquement, de rester attaché à un quelconque mouvement politique. Après onze ans à l'Élysée, je n'ai pas non plus éprouvé le besoin ou le désir de redevenir un militant de ce parti. D'autres causes m'ont attiré.

Si honorable et nécessaire soit-elle, cette vie-là n'est pas faite pour moi. Depuis mon adolescence, j'ai souhaité mêler la liberté de l'auteur, du chercheur et de l'enseignant avec les ambitions de l'action publique. La première implique nécessairement une part de solitude et d'incompréhension. La seconde pousse à accepter les solidarités de l'action collective. Pour moi, impossible de n'être que d'un côté ou de l'autre. Il est d'abord choquant, comme font aujourd'hui tant de beaux esprits au nom de leur indépendance, de prétendre, du haut d'un tabouret germanopratin, dicter aux politiques ce qu'il conviendrait qu'ils fassent. À l'inverse, il est tout aussi choquant de se contenter d'agir sans se ménager le temps et la liberté de lire, de voir des gens d'ici et d'ailleurs, de réfléchir et de douter, de changer d'opinion, d'admettre qu'un adversaire puisse avoir raison, comme dit si bien le texte d'Ortega y Gasset placé en exergue à ce livre.

Je pourrais donc me borner à dire ici ce que je pense de ces dirigeants et de leurs capacités à exercer les fonctions auxquelles ils aspirent. Je pourrais aussi prendre parti entre les divers candidats qui se disputent le droit de représenter les socialistes aux prochaines échéances. Je les connais de près pour les avoir tous fait – ou vus – entrer en politique ; pour les avoir tous fait – ou vus – travailler, de près ou de loin, avec François Mitterrand. Tous lui doivent en effet d'avoir approché le pouvoir, même s'ils sont peu nombreux à s'en souvenir et à le reconnaître.

Je n'en ferai rien. Je n'entends donner ici de leçons à personne. Et même si je crois savoir, pour l'avoir accompagné au plus près, ce qu'exige d'un individu l'exercice de la fonction présidentielle, quelles sont les qualités nécessaires pour l'exercer, je ne choisirai pas celui qui, d'entre tous ces prétendants, serait, selon moi, le mieux préparé à affronter les crises, à incarner une certaine fierté d'être français, à s'abstraire de l'immédiat, à définir un cap et à le tenir.

Je ne m'en reconnais ni l'envie ni le droit. J'ai commis mon lot d'erreurs et porte mon lot de déceptions. Des premières, j'ai cru apprendre un certain sang-froid et le goût de la rigueur ; les secondes ne m'ont jamais empêché de croire que le monde pouvait être rendu meilleur et que ce pays avait encore droit à un grand destin.

Ici, je veux parler du fond. Et m'en acquitter publiquement. Si je ne l'ai encore jamais fait, c'est que j'ai eu la chance d'avoir, pendant vingt ans, le meilleur des lecteurs uniques qui se pût trouver, d'abord chef de l'opposition, puis président de la République. Il était le plus attentif des interlocuteurs, le plus ouvert aux pensées neuves, le plus impitoyable dénonciateur d'idées creuses, le plus exigeant correcteur de textes et de projets. Il était indispensable (et quelquefois même suffisant) de le convaincre pour qu'une idée devienne une décision, et parfois – plus rarement, tout de même – pour qu'une décision devienne réalité. Tantôt, c'était très rapide : quelques minutes suffirent pour achever de le persuader de la nécessité de créer un revenu minimum, de mettre en place les emplois d'utilité collective, de lancer le projet de tunnel sous la Manche, de libéraliser les ondes, d'élaborer un programme européen, de construire une nouvelle Grande Bibliothèque, de s'engager dans la bataille pour l'annulation de la dette des pays du Sud. Tantôt, c'était plus long et beaucoup plus collégial, comme pour ce qu'on a appelé le « tournant » de mars 1983, sur lequel on reviendra.

26

Aujourd'hui, je pourrais réserver mes commentaires à ceux de mes amis qui dirigent la gauche, sans mettre ainsi critiques et propositions sur la place publique. Je ne vois pas de raison de me limiter de la sorte. L'enjeu du moment est beaucoup trop grave pour le laisser aux seuls professionnels – lesquels refusent d'ailleurs, pour beaucoup, de s'en saisir. De plus, parce que les citoyens actuels souhaitent, plus que ces mêmes professionnels, trouver par eux-mêmes la réponse à cette question simple, la seule à compter en politique : *peut-on vivre autrement ?*

Ce livre exprime donc une urgence : celle d'oser réfléchir et d'afficher une ambition pour ce pays.

Si de la gauche ne viennent plus que noires imprécations et mesures grises, si l'utopie disparaît du discours républicain, si des transformations audacieuses et réalistes de la vie quotidienne n'ont pas lieu, la France, comme toutes les autres démocraties, se dissoudra dans la soumission au marché, ou se rétractera dans un bunker souverainiste, ou, pis encore, basculera dans une forme ou une autre de guerre civile.

Il est encore possible de ne pas se résigner à laisser la démocratie devenir un théâtre d'ombres, un dérisoire radio-crochet. Il est encore possible de refuser de vivre par procuration. Il est encore possible de concilier efficacité et équité, démocratie et rêve, liberté et exigence ; de remplir, autrement que par le seul modèle marchand, les aspirations des hommes à la plénitude et à la dignité.

On verra alors que l'au-delà du privé n'est pas la propriété collective, mais la gratuité ; que l'au-delà de la démocratie n'est pas la dictature du prolétariat, mais la responsabilité et le partage du savoir ; qu'au-delà du marché, force sans but, la vie peut retrouver un sens.

On verra qu'existe encore une voie humaine.

Le monde tel qu'il vient

La réalité du monde d'aujourd'hui ne correspond en rien à la description manichéenne qu'en donne la vulgate marxiste pour laquelle le conflit entre le travail et le capital explique le passé et détermine l'avenir des cultures, des nations et des peuples. Elle ne se résume pas non plus à la conception libérale du monde, vaguement inspirée de Montesquieu et de Tocqueville, selon laquelle le marché et la démocratie s'uniraient harmonieusement pour créer un système de valeurs, de droits et d'institutions organisant un univers libre pour chacun et heureux pour tous.

De fait, l'Histoire est animée par des forces beaucoup plus complexes, engendrant des interactions infiniment plus diffuses, aux conséquences si intriquées qu'elles semblent presque impossibles à analyser et plus encore à prédire. Prises sous un feu croisé d'influences – marché, aspirations, cultures, religions, etc. – souvent opposées les unes aux autres, les nations se trouvent ainsi engagées dans une gigantesque mêlée dont, à terme, la démocratie et les hommes eux-mêmes pourraient être exclus.

La démocratie de marché

Presque partout dans le monde, on assiste à la généralisation de la concurrence, en économie comme en politique. Des entreprises, légales ou clandestines, sont en compétition sur les marchés ; parallèlement, en de nombreux endroits, des partis et des groupements sont en concurrence pour obtenir les suffrages des électeurs. Marché et démocratie s'installent de conserve.

Le marché impose sa cohérence comme moyen d'exprimer une liberté. Chacun y est libre, au moins formellement, de travailler, de produire, de consommer. Par des milliards d'initiatives créatrices et d'activités marchandes, des centaines de millions d'hommes s'y efforcent chaque jour de faire mieux et à moindre coût. La monnaie y devient la seule mesure de l'utilité du travail, des entreprises, des biens immobiliers, de la formation, de la santé. Le travail n'y est qu'un effort compensé par un revenu permettant de se procurer le nécessaire. Le chômage y est un passage nécessaire à la création d'emplois nouveaux, de meilleure qualité, dans de nouveaux secteurs, par le jeu même de la concurrence. Selon la théorie des marchés, la simultanéité de ces milliards de décisions devrait conduire à la satisfaction simultanée de chacun et à la meilleure situation pour tous.

La démocratie est elle aussi le produit d'une lutte des hommes en vue d'obtenir le droit de choisir librement entre des programmes en concurrence. Après des siècles d'affrontements et de vicissitudes, nombre de peuples en sont arrivés à l'idée que, sur un territoire donné, le meilleur moyen de définir la règle de droit et de gérer les affaires communes est d'en déléguer la mission à des représentants élus à la majorité, les uns en charge de faire la loi, les autres de la mettre en œuvre, ceux-là parfois contrôlant ceux-ci et tous placés sous le contrôle du juge.

Marché et démocratie se sont ainsi simultanément développés avec l'amélioration des moyens de circulation de l'information. L'un et l'autre ont besoin que celle-ci soit accessible à tous les membres de la communauté ; l'un et l'autre ont donc poussé aux progrès des moyens de la transmettre. À la fin du XVe siècle, l'imprimerie a participé au premier rang à l'effondrement de la suprématie de l'Église catholique sur les esprits et de l'Empire romain germanique sur les corps ; à la fin du XIXe et au début du XXe siècle, la presse, le gramophone, le téléphone, la radio et le cinéma ont accompagné et accéléré l'émergence des démocraties. Depuis lors, les technologies de communication n'ont cessé d'accroître l'interdépendance des marchés industriels ; elles ont rendu possibles la mondialisation de l'information et l'émergence d'une conscience collective planétaire.

Si marché et démocratie se sont ainsi peu à peu imposés comme des mécanismes privilégiés de gestion des affaires publiques et privées, c'est parce que l'un et l'autre se fondent, au moins formellement, sur la mise en œuvre de la valeur principale de nos sociétés : la liberté individuelle. L'un et l'autre la renforcent et sont censés se renforcer par là réciproquement.

D'abord, le marché contribue à faire naître et à renforcer la démocratie. Pour émerger, le marché a certes besoin d'un État fort qui fixe et impose le droit ; mais, quand il se développe, il encourage, par la nature même des forces marchandes, une demande de démocratie : en exacerbant la concurrence, en diffusant des objets de consommation, en payant du travail avec de la monnaie, il exige la mise en place d'un droit de propriété privée et des moyens de le faire respecter ; il conduit en outre à promouvoir la liberté de circuler, de parler et de faire fortune. Il a besoin qu'un pouvoir instaure une règle de droit non arbitraire dont l'application sera soumise au contrôle des juges pour faire respecter le droit de propriété. Or, d'évidence, la démocratie garantit mieux que la dictature contre l'arbitraire. Le marché pousse par ailleurs à l'émergence de pouvoirs nouveaux, économiques et intellectuels, qui ne gravitent pas autour du parti dominant, sapant progressivement les bases de la dictature d'abord sur le terrain local, puis plus largement. On l'a vu récemment en Espagne et au Chili, où des marchés installés par des dictateurs – aidés à Santiago par des doctrinaires venus de Chicago – ont ensuite favorisé l'avènement d'une démocratie et d'une nouvelle classe dirigeante. On le voit aujourd'hui en Chine où, malgré l'emprise colossale du parti communiste qui conduit encore d'une main ferme l'impressionnante croissance du pays, des éléments de démocratie locale commencent à se faire jour. De même, la montée des totalitarismes intégristes, dans des pays comme l'Iran, ne réussit pas à réprimer les désirs de liberté des classes moyennes ; leurs membres réclament les mêmes libertés économiques et politiques que leurs contemporains d'Occident dont ils découvrent le mode de vie par le cinéma et la télévision, et dont ils partagent les goûts. La liberté économique et son auxiliaire idéologique, l'industrie du spectacle, jouent ainsi un rôle majeur dans l'essor de la liberté politique.

Inversement, là où la démocratie commence à poindre, le système planifié doit céder la place au marché : la première liberté dont les gens veulent user est celle de gagner leur vie librement, et donc de pouvoir changer d'avis ; aucun plan quinquennal ne saurait y résister. On l'a vu en particulier en Union soviétique quand Mikhaïl Gorbatchev a tenté, en 1988, d'instaurer la démocratie en maintenant les règles de l'économie planifiée et de la propriété collective : il a fallu moins de trois ans pour passer de la *glasnost* à la *perestroïka*, et pour admettre que la liberté politique interdit le maintien d'une gestion collective des moyens de production.

Cette dualité est aussi, en elle-même, porteuse de paix. Plus les marchés sont intégrés, plus les régimes sont démocratiques, moins la guerre – civile ou nationale – est possible : jamais deux démocraties ne se sont affrontées les armes à la main.

Démocratie et marché, les deux piliers de nos sociétés, composent ainsi une *démocratie de marché* renforcée par l'effacement progressif de la classe ouvrière devant l'essor d'une classe moyenne moins soumise à la pénibilité du travail et plus tentée de se contenter de libertés formelles hors du travail.

Cette dynamique cumulative du marché et de la démocratie oriente aujourd'hui toutes les forces de la société ; elle conduit à l'expression d'une idéologie individualiste impliquant un droit absolu et illimité de changer d'avis, s'exerçant au-dessus de toute morale. L'ensemble des partis de gouvernement s'en trouvent orientés vers la droite.

Ce processus incite aussi à combler la solitude par des objets qui « parlent » en lieu et place des gens, et oriente le progrès technique vers des innovations permettant de favoriser l'autonomie individuelle et la communication. Les relations sont confiées à des appareils : la radio se substitue au conteur, la machine à laver au lavoir, la télévision au théâtre ou à la salle de cinéma. On voit émerger des formes d'expression artistique mettant en valeur l'individu : le portrait, puis le soliste, ensuite le comédien, la star, enfin le leader politique et le chef d'entreprise – le marché comme la démocratie ont besoin de représentations. Ersatz de ces formes : la télé-réalité grâce à laquelle la classe moyenne se rassure devant le spectacle narcissique de ses réussites ou de ses avanies d'un soir, assorti d'un espoir de mobilité sociale par la notoriété.

Les plus récentes technologies, comme le téléphone portable, le micro-ordinateur et l'internet, accélèrent ce mouvement et amorcent un ample processus d'effondrement des coûts de production, de transport, de stockage et de mise à disposition de toutes les informations et de tous les spectacles. Comme les révolutions technologiques précédentes, l'internet contribue d'abord à renforcer les pouvoirs en place : l'empire dominant – américain – se dote des moyens d'écouter, de connaître et d'analyser les informations utiles à sa puissance. Il constitue des bases de données, organise des réseaux, se dote de moyens inédits pour savoir, séduire, convaincre, influencer. Mais, comme il en fut aussi pour les révolutions précédentes, ce pouvoir ne tardera pas à être remis en cause du fait de la dissémination de ces technologies. Ainsi, de même que le haut-parleur a aidé naguère à la prise du pouvoir de Mussolini et de Hitler avant de favoriser, avec l'autoradio, l'émancipation de la jeunesse américaine, les nouvelles technologies de communication renforceront peu à peu les contre-pouvoirs du marché et de la démocratie.

Marché et démocratie sont ainsi à la fois réformistes (ils travaillent par modification à la marge) et révolutionnaires (ils bouleversent les rapports sociaux et les mœurs).

De tout cela, on a fait en particulier l'expérience en Europe avec la chute du mur de Berlin : le capitalisme, l'économie de marché, la démocratie ont gagné ensemble les pays de l'Est par contagion de proximité. Le voisinage géographique – notion si chère à Fernand Braudel et à l'école historique française pour expliquer le démarrage du capitalisme au Moyen Âge, en Italie et en Flandres – permettait ainsi de prédire l'ordre d'arrivée des anciennes régions de l'Est dans la démocratie de marché : d'abord la Prusse, puis la Pologne, puis l'Ukraine, les pays Baltes, puis le reste de la Russie. Il en ira peut-être de même sur les autres continents, avec les mêmes conséquences sur les mœurs.

Après l'effacement de l'Union soviétique et l'essoufflement des Européens, les États-Unis, seule superpuissance, dominent les autres pays politiquement et économiquement, faisant financer leur domination par leurs alliés et leurs vassaux en leur empruntant des sommes de plus en plus considérables. Afin de conforter cette domination, les Américains se donnent pour mission, avec leur puissance militaire, d'assurer partout la victoire simultanée de la démocratie et du marché.

Cette démocratie de marché exporte aussi le bien-être matériel et, à long terme, les droits sociaux dans le reste du monde : la mobilité s'accentue et apporte du travail là où il manque le plus. Les classes moyennes se développent et se diversifient. La liberté de circulation devient la règle. Les usines migrent vers les lieux où le coût du travail est le plus bas et n'assurent plus sur les lieux d'écoulement des produits qu'un service après vente. Beaucoup ne se considèrent plus que comme citoyens de leur sphère personnelle, professionnelle et privée, et se revendiquent comme nomades, de luxe ou de misère. Au rythme actuel, le nombre d'individus vivant dans un autre pays que celui de leur naissance aura triplé dans trente ans. Déjà, dans certains pays d'Afrique, près de la moitié de la population est née ailleurs ; c'est aussi le cas d'un cinquième des habitants de l'Australie, du douzième de ceux des États-Unis – mais seulement du vingtième de ceux de l'Union européenne (avant son élargissement aux pays de l'Est).

Les deux cents pays existant aujourd'hui dans le monde sont presque tous des économies de marché ; cent quarante d'entre eux pratiquent des élections plus ou moins libres ; quatre-vingt-deux (regroupant 57 % de la population du monde) sont d'ores et déjà à peu près démocratiques (le pouvoir y est contrôlé par un parlement et par une presse à peu près libre, et les principaux droits de l'homme y sont quasi respectés). Il se trouve que ces démocraties de marché se sont d'abord développées dans les pays à climat tempéré, dans des régions où les femmes ont acquis une certaine autonomie et où le déterminisme religieux a moins pesé qu'ailleurs sur la morale individuelle.

Cette dynamique est efficace. On peut même y voir la cause première de la croissance économique mondiale, aujourd'hui la plus forte de toute l'histoire humaine : la production de la planète (qui dépasse les 40 trillions d'euros) augmente de plus de 4 % par an, dont plus de 7 % en Asie, un peu moins aux États-Unis, et beaucoup moins en Europe. En Asie de l'Est, où la démocratie est encore balbutiante, cette croissance a permis à plus de 200 millions de personnes de sortir de la pauvreté en l'espace d'une seule décennie. Elle a aussi permis en Inde, en Chine et ailleurs l'émergence d'une classe moyenne, premier soutien nécessaire à l'instauration d'institutions démocratiques. Au Brésil par exemple, où la croissance annuelle est de 4 %, le taux d'inscription des élèves dans le secondaire a triplé en dix ans et la mortalité infantile a baissé de moitié au cours de la même période.

La démocratie de marché semble ainsi devenir la forme indépassable de l'organisation des sociétés ; et, pour beaucoup, l'Histoire ne racontera plus jamais rien d'autre que la généralisation progressive et simultanée, chaotique et irréversible, sur les cinq continents, de ces deux modes d'organisation de la liberté.

De la démocratie de marché à la société de marché

Pourtant, marché et démocratie ne forment pas un couple durable ; l'un finit toujours par l'emporter sur l'autre. D'abord parce que les marchés et la démocratie sont toujours partiels, imparfaits, provisoires, et ne ressemblent en rien à leur utopie. Ensuite parce que, de par leur nature même, ils engendrent des sociétés fragiles, précaires, enclines à saper leurs propres fondements.

En effet, en faisant l'apologie exclusive de la liberté individuelle, marché et démocratie reconnaissent à chaque citoyen un droit illimité à changer d'avis ; par leur publicité ou leur propagande, ils incitent les divers acteurs de l'économie et de la politique – électeurs, travailleurs, usagers, consommateurs – à ne pas se sentir liés par une parole, un choix, des accords passés, des contrats, des loyautés. Ainsi chaque consommateur est-il prêt à changer de fournisseur dès qu'un nouveau produit apparaît sur le marché ; chaque entreprise à renvoyer ses employés dès que la conjoncture se retourne ; chaque salarié à changer d'employeur dès qu'il se voit proposer une offre meilleure ; chaque électeur à changer de vote et de camp dès qu'il est attiré par un autre discours. Si le travail, de plus en plus contraint par les exigences de la rentabilité, du juste-à-temps, du sur-mesure, est de plus en plus stressant, flexible et précaire, les citoyens des démocraties de marché, devenus des usagers de la politique, sont de plus en plus libres de toute attache, loyaux seulement à l'égard d'eux-mêmes, mettant sans cesse aux enchères leur obédience, leurs sentiments, prêts à s'offrir à chaque instant au mieux-disant, toujours disponibles pour plus, pour mieux ou pour autre chose. Prêts à abandonner et s'attendant à l'être. En conséquence, les produits, les modes, les emplois, les entreprises, les relations, les célébrités, les partis durent de moins en moins longtemps. Dans le monde qui vient, les appartenances nationales elles-mêmes se révéleront de plus en plus instables et éphémères.

Même les règles de droit, si essentielles au bon fonctionnement du marché et de la démocratie, ne sont plus intangibles. À l'arbitraire du dictateur se substitue le caprice de l'électeur. Se délitent les fondements de la vie en société tels que les concevaient les morales anciennes : plus de famille, d'obligations de solidarité, de défense, de justice, plus d'allégeance au groupe. L'impôt, qui délègue à l'État l'obligation de loyauté, perd de sa légitimité. La classe moyenne, principal acteur de la démocratie de marché, retrouve ainsi la précarité à laquelle elle croyait avoir échappé en quittant la classe ouvrière.

S'installent le règne du caprice, la tyrannie du neuf dans toutes les dimensions de la vie sociale et privée. Chacun y est incité à revendiquer le droit à l'infidélité, à la licence et à la mauvaise foi. Ravageuse conclusion : *la liberté détruit la loyauté.*

La déloyauté n'est plus considérée comme un symptôme de désordre éthique ; au contraire, elle est partout revendiquée ; la publicité comme les jeux télévisés, les romans ou les films en font l'apologie. La politique en est le lieu d'expression. *Carpe diem* devient la loi universelle et transforme le monde en machine à fabriquer du plaisir, donc du précaire. Une précarité voulue par ceux pour qui tout changement est une fête ; et subie par ceux pour qui elle est source de malheur.

Cette victoire de l'immédiat et de l'individualisme accompagne l'effondrement démographique des pays où elle se manifeste. Aujourd'hui, aux États-Unis, la baisse de la natalité est plus que compensée par l'immigration ; dans toute l'Union européenne, le remplacement des générations n'est plus assuré, en particulier en Espagne, au Portugal, en Italie, en Grèce. En Allemagne, on compte chaque année un tiers de décès de plus que de naissances ; en Russie, deux décès pour une naissance. Sauf à changer radicalement de comportement, la population active européenne diminuera de 40 millions d'individus d'ici le milieu du siècle. En quinze ans, le nombre des plus de 80 ans y augmentera de moitié. Toutes les économies de marché, même non démocratiques, vont dans le même sens : la Chine elle-même va vieillir et pâtir de surcroît d'un énorme déséquilibre masculin/féminin. Même des pays musulmans comme l'Iran, la Tunisie ou le Maroc n'assurent plus le renouvellement de leur population. Tantôt le mieux-être, tantôt la précarité, l'un et l'autre vécus égoïstement, entament le désir d'enfants.

Par ailleurs, sur bien des points, marché et démocratie se contredisent et interagissent l'un contre l'autre : l'un organise la solitude pour la combler par des objets à usage privatif ; l'autre organise la vie collective pour la remplir de services publics. L'un suppose que l'on franchisse en permanence toutes les frontières pour étendre le champ de son commerce, tandis que l'autre a besoin de limites territoriales pour définir son cadre d'action. L'un implique que la société atteigne son idéal dès lors que chacun se conduit de façon égoïste ; pour l'autre, au contraire, l'optimum est atteint quand la minorité accepte de se soumettre aux décisions de la majorité. L'un fait l'apologie de la réussite individuelle, l'autre est fondé sur l'intérêt à vivre ensemble.

Aussi longtemps que ces deux mécanismes de décision restent de force égale, qu'ils se partagent les champs de compétence et respectent leurs frontières, la contradiction peut être surmontée et la complémentarité fonctionner.

Mais, trop souvent, ce n'est pas ce qui se passe : l'un est toujours plus fort que l'autre.

Si la démocratie l'emportait sur le marché et créait un déséquilibre en sa faveur, on verrait le champ des décisions prises à la majorité s'élargir, et diminuer le nombre de celles dépendant des marchés ; la majorité des citoyens refuseraient que les neuf dixièmes des richesses soient, comme c'est le cas aujourd'hui, réservés à un centième d'entre eux, et ils s'opposeraient efficacement à ce que soit remise en cause la gratuité des soins et du savoir. On verrait aussi croître les dépenses consacrées au développement des services publics, et les peuples applaudiraient à l'augmentation des impôts frappant les plus riches, nécessaires pour les financer ; on verrait ces services publics s'étendre en nombre et en qualité, cependant que les revenus et les patrimoines seraient mieux répartis entre tous les citoyens. En particulier, la part de la santé et de l'éducation dans le revenu national augmenterait davantage encore que celle des autres services publics, avec l'approbation de la majorité des électeurs qui en sont aussi les usagers.

Si rien de tout cela ne se produit, c'est que le marché devient en fait chaque jour plus fort que la démocratie, et qu'il en menace même les institutions. La raison de ce déséquilibre est simple à comprendre. Elle ne tient pas, comme certains le croient, à l'existence d'un diable – le marché – tapi quelque part et s'efforçant de nuire aux humains. Elle tient aux fondements mêmes des différences entre ces deux mécanismes : l'initiative privée avance au rythme choisi par chaque individu, alors qu'il faut une action collective complexe pour changer les cadres et les usages de la démocratie. En outre, les progrès de la technologie, décentralisant les moyens d'informer, de distraire, de surveiller, de produire entre des mains de plus en plus nombreuses, renforcent le champ et le désir de service privé au détriment du public. Enfin, comme la démocratie s'exerce encore à l'intérieur de frontières, ses institutions ne sont jamais aussi dynamiques que celles du marché qui progressent en envahissant, bousculant, contournant des territoires toujours plus larges.

Aussi n'y a-t-il aujourd'hui presque plus d'échanges qui ne soient soumis à la loi du marché, alors même que près de la moitié de la population du monde vit encore sous le règne d'un pouvoir autoritaire ou dictatorial. Par ailleurs, la croissance des marchés reste particulièrement forte là où la démocratie est encore très largement muselée, en particulier en Asie. La primauté accordée à la liberté économique et à la propriété privée pousse les électeurs à surtout demander à la politique de protéger leurs biens, même si cela remet en cause leurs droits civiques. En somme, la liberté économique peut faire aussi reculer la démocratie politique.

C'est ainsi que bien des nations sont devenues plus faibles que les plus grandes firmes mondiales : sur les cent premières entités économiques de la planète, la majorité sont des entreprises ; presque plus rien ne permet à une instance démocratique de faire pression sur les deux cents premières – qui produisent le quart de la production mondiale avec seulement le vingtième des travailleurs –, car leurs centres de décision et leur actionnariat sont de moins en moins localisables.

Ces entreprises peuvent s'endetter sur le marché financier mondial comme les ménages le font sur le marché américain, sans limite ni contrôle. Elles peuvent s'installer là où elles veulent et se retirer de là où elles veulent. Les marchés des marchandises fixent les prix des choses au présent. Les marchés financiers fixent les prix de l'avenir en donnant une valeur au temps, en triant les informations qui permettent de prendre des risques. Plus le monde est précaire, plus précieuse est l'évaluation de l'avenir. D'où l'hypertrophie des marchés financiers qui dominent même ceux des marchandises.

Les marchés dans leur ensemble rompent les frontières, cassent les solidarités, réduisent ainsi les moyens financiers dont disposent les gouvernements pour assurer la sécurité, l'éducation, la santé des citoyens, la politique urbaine et l'intégration des minorités. Ils privent les appareils d'État de nombreux pouvoirs, poussent à la privatisation des services publics, façonnent un monde de plus en plus soumis à la seule loi de l'argent. Les désirs et les réponses deviennent individuels. L'individu n'est plus jaugé qu'à ce qu'il gagne ; la protection sociale est renvoyée à l'assurance privée ; les services publics perdent du terrain ; les nations sont dépouillées du pouvoir de décider sur ce qui les concerne.

Certes, les diplomates s'agitent, protestent, revendiquent, négocient dans mille enceintes, voulant croire et faire croire que leurs prérogatives sont intactes. En réalité, les États abandonnent les commandes l'une après l'autre aux marchés ou, parfois, à des institutions *ad hoc* – comités d'éthique, comités d'experts, etc. – issues des marchés, qui décident à leur place, transformant les parlements en simples chambres d'enregistrement d'une réglementation mondiale inspirée pour l'essentiel par les besoins des entreprises.

Enfin, la victoire du marché sur la démocratie ôte aux nations les moyens de corriger la distribution inégalitaire des revenus et des patrimoines que laissent organiser les marchés : alors que la transparence des démocraties pousse à la perception des injustices et à la revendication d'égalité, l'efficacité des marchés pousse à rémunérer au mieux ceux qui savent y trouver leur place et y créer de la valeur. Alors que la démocratie reconnaît en principe un pouvoir égal à chaque citoyen, les rapports de force entre les divers acteurs des marchés réduisent la part des salaires dans le revenu national. Alors que la démocratie confère le pouvoir politique à des majorités pauvres, le marché, lui, octroie le pouvoir économique à des minorités riches. Au Nord, celles-ci sont purement financières, alors que les très pauvres y sont souvent issus de minorités ethniques. Au Sud, au contraire, les minorités riches sont souvent d'origine étrangère, à la différence des majorités pauvres.

Dans chaque pays, la domination du marché sur la démocratie conduit ainsi à l'aggravation des inégalités. Aux États-Unis, le salaire ouvrier moyen baisse depuis 1973 ; 41 millions d'Américains ne sont pas du tout aidés, 31 millions sont dépourvus d'assurances ; 50 % de la richesse créée en quinze ans y ont bénéficié au 1 % des ménages les plus favorisés, et 90 % aux 20 % les mieux lotis. En Grande-Bretagne, plus du quart des enfants n'ont plus accès aux services publics de base. Partout, les plus riches – mais aussi les classes moyennes – concentrent entre leurs mains le pouvoir d'informer et de distraire, et s'arrogent *de facto* le droit à la connaissance, richesse majeure, condition essentielle de la mobilité sociale. Cette inégalité d'accès à l'éducation et au savoir ne peut qu'affaiblir encore la démocratie, contribuant corrélativement à aggraver la pauvreté des minorités.

Cette évolution accélère la croissance là où le marché domine la démocratie. Elle se traduit par une différenciation croissante des niveaux de vie et par un déplacement du centre de gravité du monde : vingt-deux pays, représentant 14 % de la population mondiale, contrôlent la moitié des échanges mondiaux et plus de la moitié des investissements directs étrangers. Le centre de gravité économique de la planète, qui reste aux États-Unis, bascule du côté du Pacifique. L'Asie – du golfe Persique jusqu'aux Philippines – devient l'atelier du monde en même temps qu'un de ses principaux centres de recherche, concurrençant les États-Unis qu'elle apprend à imiter : les deux tiers des diplômés américains en sciences et en ingénierie sont d'origine asiatique ;

même s'ils demeurent ensuite un certain temps aux États-Unis, beaucoup créent d'impressionnants réseaux avec leurs partenaires d'Extrême-Orient. La Chine comptera bientôt plus d'abonnés à l'internet que les États-Unis, et il y a plus de Coréens que d'Allemands connectés. Au même moment, l'Europe, moins innovante, moins dynamique, perd ses ressources en matière grise, attirées par d'autres marchés : on dénombre presque autant de chercheurs européens aux États-Unis qu'en Europe. Plus de 700 sur les 1 200 chercheurs parmi les plus réputés au monde travaillent outre-Atlantique. Une part importante de l'industrie du Vieux Continent est en passe de se déplacer vers l'Asie sans être remplacée, comme aux États-Unis, au moins en partie, par des industries nouvelles.

Les pays les plus pauvres sont voués à l'être de plus en plus. Les quarante-neuf pays les plus pauvres de la planète, qui regroupent 11 % de la population mondiale, ne reçoivent que 0,5 % du PIB mondial, soit ce que se partagent les trois personnes les plus riches du monde ! Quatre-vingt-huit familles au monde possèdent l'équivalent du patrimoine de l'ensemble des Chinois. Le revenu par habitant stagne depuis quinze ans dans les vingt-trois pays les plus pauvres. La pauvreté relative ne diminue pas sur la planète : alors que la moitié de la population du monde vivait en 1950 en dessous du seuil de pauvreté absolue, estimé à un dollar par jour, aujourd'hui 1,3 milliard d'êtres

humains doivent encore survivre avec cette somme, et
la moitié de l'humanité avec moins de 2 dollars par
jour ; 820 millions de personnes sont en situation de
malnutrition ; la moitié de la population mondiale ne
bénéficie d'aucune protection sociale, et pour 80 %
des autres celle-ci n'est que très limitée ; moins d'un
milliard et demi d'hommes, sur les six qui vivent sur
la planète, liront au moins un livre dans leur vie ; un
milliard de personnes (dont deux tiers sont des femmes)
sont illettrées ; plus de 100 millions d'enfants de 6 à
11 ans ne vont pas à l'école ; 200 millions d'enfants
travaillent dans une activité insalubre ou dangereuse.
Sur les 30 millions de personnes atteintes du sida en
Afrique, 27 000 seulement reçoivent un traitement, le
coût de la trithérapie étant 12 000 fois plus élevé que
ce que chaque Africain dépense annuellement en
médicaments. Là où le statut des femmes est particulièrement aliéné – de l'Afrique du Nord au nord de
l'Inde, et quelle que soit la religion –, les inégalités
sont pires encore. Les privatisations des services
publics (eau, électricité, services de santé) imposées
par les institutions internationales au nom des lois du
marché aggravent partout la pauvreté ; l'exacerbation
de la concurrence mondiale conduit à la précarisation
de l'emploi ; le chômage atteindrait aujourd'hui officiellement quelque 188 millions de personnes, mais ce
type de donnée est dépourvue de toute signification
pour des régions du monde où le statut de salarié
relève du mirage. Et l'application forcée des doctrines

économiques libérales ne fera qu'accélérer leur entrée désordonnée dans la société de marché.

Cette domination du marché sur la démocratie pourrait aller en s'accentuant.

D'abord, on verra se renforcer le contrôle des marchés, et donc de la propriété privée, sur tout ce qui peut être encore gratuit. Et avant tout sur le spectacle, qui consolidera le pouvoir de la marchandise. La valeur des choses ne sera plus déterminée par leur rareté, mais par leur popularité mesurée par des hit-parades : plus un objet deviendra populaire, plus il aura de la valeur, sans que monte pour autant son prix. Plus il aura de la valeur, plus il sera vendu et deviendra populaire. Aussi faudra-t-il le mettre en scène, en faire le favori des consommateurs-spectateurs, faire croire à chacun que la détention de cet objet lui fournira un moyen d'entrer en relation avec autrui, un sentiment d'appartenance à un club (ceux des possesseurs d'objets de la même marque) ou un sujet de conversation avec ses semblables (avoir vu le même film, le même match ou entendu la même chanson). Être à la mode sera plus que jamais la condition *sine qua non* pour appartenir au groupe, fût-ce de façon éphémère. Les « vedettes » du théâtre, de la musique, du sport, de la télévision ou de la politique, marchandises parmi d'autres, seront évidemment condamnées à la même noria que les autres. Dans les entreprises, l'intermittence sera la règle et non plus l'exception.

La société de marché sera devenue une société du spectacle dont les maîtres seront les entreprises de distraction chargées d'organiser la circulation des marchandises. Plus que jamais, le spectacle sera la clé de la consommation. Les médias offriront à la classe moyenne le spectacle des plus pauvres pour la distraire de ses propres avanies. La démocratie, vidée de tout contenu, deviendra elle aussi une pure mise en scène du spectacle donné par les politiciens, intermittents d'un spectacle délaissé.

Les nouvelles technologies approfondiront ce processus. En particulier la musique, le cinéma, les logiciels rendus involontairement gratuits par leur mode de distribution sur l'internet, donc détournés du marché, redeviendront payants. Leurs propriétaires (éditeurs, musiciens, écrivains, journalistes, professeurs, comédiens, informaticiens, designers, couturiers, etc.) réussiront à imposer des brevets sur les logiciels et des systèmes de cryptage interdisant la circulation gratuite des fichiers, tout en promulguant un droit international protégeant la marchandisation de toutes les formes de l'information.

Le marché récupérera même le vocabulaire et de la liberté et de la solidarité pour en faire des objets de commerce ou des thèmes de publicité. Il récompensera la charité qui donne bonne conscience, valorisera des « œuvres » mettant en avant la générosité des vedettes comme substitut à une authentique solidarité institutionnelle.

Puis la technologie fera exploser les ultimes barrières qui freinent encore l'expansion du marché. Tout ce qui est gratuit deviendra payant – des semences aux relations humaines –, deviendra planétaire. Après-demain, il sera possible de commander sur plans une automobile, une maison à un fabricant installé à l'autre bout du monde, d'en effectuer une visite virtuelle, puis de la faire fabriquer et assembler dans une usine de montage, dans son propre pays, sans intervention d'un concessionnaire ou d'un importateur. Des universités virtuelles diplômeront des étudiants que les enseignants n'auront vus que sur écran. Des médecins pourront – peuvent déjà – émettre des diagnostics et soigner à distance. On pourra confier la gestion de sa santé ou de sa retraite à des institutions offshore. C'est toute l'égalité des citoyens face au risque, mais aussi devant le savoir et la culture, tout ce qui fait l'identité d'un peuple, qui se trouveront remis en question.

Comment imaginer que des barrières commerciales classiques, des règlements ou des traités, des douanes ou des polices, prévues par les démocrates pour contrôler les mouvements de marchandises physiques, pourront être d'une quelconque utilité face à des mouvements de plus en plus massifs de marchandises virtuelles ?

La pression croissante de la concurrence des produits venus de pays où les travailleurs ne bénéficient d'aucune protection sociale incitera les entreprises des pays développés à reconsidérer l'essentiel des avantages sociaux consentis à leurs salariés, ou à délocaliser leurs productions vers des lieux où les travailleurs sont moins protégés. L'ensemble des services publics seront bouleversés. Et ceux qui ont encore un emploi garanti le perdront. Les États oublieront leurs compétences les unes après les autres. À l'instar de ce qui se passe aujourd'hui dans l'hémisphère américain, on verra partout, jusque dans les démocraties d'Europe, les revenus et les statuts des plus faibles remis en cause, la précarité se généraliser, en particulier pour les indigents entassés à la périphérie des villes où nul n'aura plus les moyens d'installer les équipements publics nécessaires.

La planète comptera sans doute, en 2025, plus de sept agglomérations de plus de 20 millions d'habitants et trente de plus de 10 millions. Les banlieues du monde développé ne seront pas épargnées. L'accès inégal aux nouvelles technologies y creusera davantage encore les différences d'accès au savoir et aux compétences. Au rythme actuel, le nombre de personnes ayant à survivre avec moins de 2 dollars par jour devrait encore doubler pour atteindre les 4 milliards dans trente ans.

Les plus riches, de leur côté, monopoliseront toujours plus de moyens de production, d'argent, d'information, de temps. Ils utiliseront la formidable croissance des marchés financiers pour s'enrichir plus encore grâce aux multiples formes de marchés à terme, à options, à primes et dérivés, qui les aident mieux que les autres à se protéger des risques et à valoriser le temps.

Les nations perdront leur force sans être remplacées par une règle de droit planétaire. Et encore moins par un système de sécurité global. À l'image de ce qu'on voit déjà dans certaines villes du Nord et du Sud, l'ordre démocratique, la justice et la police ne pourront accéder à certains quartiers, voire à certaines villes ou à certaines régions.

La marchandisation gagnant tout, jusqu'à l'homme lui-même, le monde deviendra une foire parcourue de bandes rivales. Ce que j'appelle la *société de marché*.

De plus, le jeu combiné, sans contrepoids démocratique suffisant, de la mondialisation des marchés et de la technologie favorisera les activités illégales (évasion fiscale, réseaux criminels, traite des êtres humains, trafic de drogues). Il permettra – permet déjà – à des entités privées (entreprises ou organisations criminelles) de se doter de tous les attributs des États : un réseau de communication, un système de collecte de ressources, un armement. Des narcotrafiquants et des groupes terroristes disposent déjà d'un certain nombre de ces attributs. On verra aussi des firmes aller jusqu'à créer leur propre monnaie pour organiser les échanges avec leurs fournisseurs et leurs clients, et pour éviter les problèmes de change. Elles commenceront par le faire sous forme de « points » offerts en cadeau pour fidéliser leur clientèle, puis elles iront jusqu'à permettre la transférabilité de ces points hors de leurs propres circuits ; personne, pas même le gouvernement des États-Unis, ne pourra s'y opposer. La société de marché en finira même avec la toute-puissance américaine, en délocalisant ses emplois et ses centres de profit hors du territoire de l'empire.

Les institutions internationales seront de plus en plus impuissantes face à ces situations et à des problèmes d'une telle ampleur, qu'elles auront largement contribué à créer. Les doctrines économiques seront sans prise sur le réel. Les syndicats, les partis, même regroupés en « internationales », n'auront plus un impact suffisant sur la réalité. Les citoyens ne seront plus que les spectateurs d'une comédie leur donnant l'illusion d'être responsables de leur sort. La démocratie sera alors de plus en plus critiquée – à juste titre – comme n'étant plus qu'un leurre, et les hommes politiques dénoncés comme des fantoches.

Cette domination du marché sur la démocratie participera aussi à l'aggravation des désordres écologiques en diminuant la transparence des informations, en accélérant la consommation des matières premières, en privilégiant le court terme et le profit immédiat, en réduisant la capacité d'influence sur ces risques des générations futures. Cinq millions d'hectares cultivables disparaissent chaque année, alors qu'il faudrait doubler la production de céréales dans les trente prochaines années. La quantité d'eau disponible par habitant va baisser de moitié, passant de 8 000 à

4 000 mètres cubes par an en 2040. On déverse 7 milliards de tonnes de gaz carbonique dans l'air tous les ans. En France, cette pollution est à l'origine d'une augmentation d'un tiers du nombre des cancers. La moitié des cours d'eau du monde sont en voie d'être gravement pollués par la production industrielle, agricole et urbaine ; un quart des espèces de mammifères sont menacées d'extinction ; le désert africain progresse chaque année d'une surface égale à celle de la Belgique. L'humanité va manquer cruellement d'eau, de poissons, d'énergie, d'air pur. La consommation d'électricité, qui a doublé en l'espace de trente ans, continuera d'augmenter ; sa production d'origine thermique aggravera à la fois l'« effet de serre » et les affections respiratoires des habitants des pays développés. La Chine, par exemple, qui émet encore cinq fois moins de gaz carbonique que les pays riches, va devoir construire l'équivalent d'une centrale de 1 000 mégawatts par mois pendant trente ans, et enverra ainsi des quantités de plus en plus considérables de polluants dans l'atmosphère. En 2100, le réchauffement climatique se traduira par une hausse moyenne d'au moins 4 degrés des températures et de 20 % des précipitations. Bientôt, nombre d'endroits seront ou trop chauds ou soumis à de trop rudes conditions pour rester habitables.

Pour perdurer, la société de marché ne pourra même pas conserver les apparences d'une démocratie : elle devra peu à peu glisser vers une forme neuve de totalitarisme où chacun sera surveillé, contrôlé, et où les formes mêmes de la liberté perdront leur sens.

Ce n'est pas fini : car de cette *société de marché* on passera encore à une *société de marchandises*, autrement dit à la commercialisation progressive de toutes les relations humaines et de l'homme lui-même.

De la société de marché à la société de marchandises

On assistera alors, si le processus se poursuit, à la cassure des ultimes solidarités, jusqu'à tout renvoyer – y compris la culture, l'éducation, la santé – au marché, c'est-à-dire à ceux qui restent solvables. Le marché se défendra contre les non-solvables, et personne ne songera plus à se soucier d'autrui : pourquoi partager quand il faut se battre ? pourquoi faire ensemble quand on est concurrent ? Plus personne ne pensera que le bonheur d'autrui puisse lui être utile ou bénéfique. Encore moins cherchera-t-on son bonheur dans celui de l'autre. Vivre ensemble ne sera plus perçu comme une nécessité. La société ne sera plus qu'une juxtaposition totalitaire de solitudes, comme l'amour ne sera plus qu'une juxtaposition de masturbations.

Le désir de marché s'en trouvera encore renforcé : plus on est seul, plus on consomme et plus on se distrait pour meubler sa solitude. L'acte d'achat deviendra l'une des distractions principales. Les centres commerciaux sont déjà et seront de plus en plus des lieux de loisir. Chacun consommera donc à tout instant : en mangeant, en regardant la télévision, en se formant, en se soignant. Tout temps passé à autre chose que consommer des biens marchands – ou accumuler des objets à consommer plus tard – sera bientôt considéré comme perdu. Beaucoup en viendront peut-être même un jour à considérer que le temps passé au travail devrait être aussi un temps de consommation ; d'aucuns installeront des magasins dans les ateliers ; on en viendra même à dissoudre les ateliers pour que les gens puissent consommer depuis chez eux tout en travaillant, en jouant, en apprenant. La gratuité sera partout pourchassée, bannie.

Le marché poussera à la marchandisation de secteurs encore épargnés. Cela commencera par la transformation de services publics en services privés en renvoyant leur financement aux consommateurs solvables sous forme de primes d'assurance versées à des compagnies privées, ou d'achat direct de services de santé, d'éducation, de transport, de logement, de voirie.

Puis, mutation immense qui a déjà commencé, les services rendus par des personnes, telles l'éducation et la santé, seront rendus en partie par des objets industriels produits en série – des *prothèses*. Le marché commercialisera ainsi des objets permettant à chacun de surveiller la conformité de son état à des normes de santé (prothèses de diagnostic) ; puis viendront des prothèses de soin qui distribueront des médicaments ; puis des prothèses de remplacement, substituts aux organes ; puis des prothèses d'amélioration électroniques, chimiques ou génétiques, qui démultiplieront les potentialités ; celles-ci déboucheront même peut-être un jour sur le clonage, qui transformera définitivement les individus en objets marchands. Ces prothèses seront d'abord fabriquées sur mesure, puis produites en série. On en viendra aussi à utiliser des prothèses de savoir et des prothèses de sécurité. On rendra marchand tout ce qui est encore produit gratuitement par l'homme ou la nature, des plantes à l'air, de l'eau à la maternité.

Toutes les relations humaines seraient peu à peu commercialisées. La *société de marché* achèverait de la sorte sa mutation en *société de marchandises* où l'on ferait commerce de tout : du corps aux idées, des passeports aux organes, du temps aux amours, de la consolation au suicide, dont on vendrait la mise en scène. L'homme serait redevenu cannibale : un objet consommant des objets.

Dans ce marché généralisé, le meilleur gouvernement, c'est l'absence de gouvernement ; en tiendrait lieu une bureaucratie purement policière dont la mission exclusive serait de faire respecter les multiples formes du droit de propriété et de lutter contre la gratuité. Un « totalitarisme marchand » auquel s'opposeraient avec violence d'autres totalitarismes, ceux-ci à prétentions éthiques...

Les totalitarismes éthiques

Beaucoup perçoivent ce qu'une telle évolution aurait de destructeur et considèrent qu'il convient de tout faire pour enrayer cette marche vers le règne conjoint de la précarité et de la bureaucratie, de la marchandise et de l'amoralité. Beaucoup voudront revenir en arrière, au temps où l'emploi était assuré pour la vie, les objets durables, les mariages éternels, les lois intangibles ; ils feront du statut de fonctionnaire un idéal ; ils assimileront un emploi garanti à vie à un patrimoine, et le traitement à une rente. Ils reviendront vers des programmes de nationalisation et de planification.

D'autres groupes s'évertueront à préserver la loyauté de leurs membres. Des nations tenteront de garder leurs citoyens les mieux formés et de redonner du sens au long terme. Des entreprises déploieront des efforts pour entretenir la fidélité de leurs clients et celle de leurs cadres en recourant à divers moyens tels qu'abonnements, stock-options, plans d'épargne-retraite, tout en gardant leur propre droit à la déloyauté si les conditions du marché exigent des licenciements.

Pour d'autres encore, si la démocratie se révèle impuissante à enrayer cette évolution, c'est qu'elle est tout aussi responsable que le marché de la dérive vers la précarité et de la dissolution des loyautés. Des mouvements politiques feront de la durée une valeur suprême, supérieure à la liberté ; des mouvements religieux proposeront qu'une loyauté théologale transcende l'adhésion aux institutions d'une république.

S'annonce par là le retour d'une force très ancienne opposant une morale du long terme aux caprices de la liberté. Je la nommerai ici *totalitarisme éthique*. C'est volontairement que j'associe ces deux termes contradictoires : si la démocratie ne s'empare pas de l'éthique, la dictature le fera. Si les démocrates ne sont plus capables de promouvoir une éthique de la liberté, des dictateurs éthiques fourniront des réponses rassurantes à la précarité.

D'aucuns plaideront ainsi l'urgence d'une dictature écologique, ne serait-ce que pour imposer la frugalité énergétique. D'autres, révoltés pêle-mêle par la prolifération des drogues, la dislocation des familles, la remise en cause des morales traditionnelles, la libération des femmes, le mariage homosexuel, proclameront la suprématie des valeurs d'une foi sur les « nouveaux » droits de la personne. On en rencontrera dans chaque monothéisme et dans d'autres fois. Au nom de leur morale, ils rejetteront la démocratie en usant à l'occasion de violence. Ce qui ne les empêchera pas de tenter de s'approprier les richesses et les forces du marché, même s'ils en refusent parfois les marques, perçues comme les symboles d'un Occident matérialiste. Et comme la vie n'est pas une des valeurs qu'ils défendront, ils seront prêts à mourir et faire mourir pour imposer leur conception de l'éternité.

La troisième guerre mondiale

Ainsi s'annonce un monde écartelé entre quatre forces : les États-Unis, qui gèrent aujourd'hui l'ordre des *démocraties de marché* ; la *société de marché* qui, en se mondialisant, finira par entrer en contradiction avec les intérêts mêmes des États-Unis, leur ôtant la maîtrise des marchés, et par accoucher d'une société de marchandises ; le *totalitarisme éthique,* qui voudra chasser les marchands du Temple, mener ses guerres contre les uns et les autres au nom des victimes des uns et des autres, et utiliser le mal pour « faire le bien » ; la *démocratie*, enfin, qui tentera de s'opposer à la fois aux trois autres forces : diktats américains, société de marché et totalitarismes éthiques.

Alors qu'on n'a jamais assisté jusqu'ici à une guerre entre deux démocraties, il en éclatera une, planétaire, entre sociétés de marché, totalitarismes éthiques et démocraties. Pour s'imposer face aux autres, les tenants du totalitarisme éthique utiliseront toutes les armes et d'abord celles du terrorisme.

Cette guerre a déjà commencé. On recense déjà aujourd'hui plus de quarante conflits de par le monde, dont vingt-sept durent depuis plus de dix ans, la plupart à l'intérieur des frontières d'États totalitaires d'Afrique et d'Asie – guerres civiles, luttes religieuses, chaos institutionnels, retour des tribalismes, violences terroristes qui gagnent aujourd'hui l'Occident et touchent la majorité des pays développés, de l'Espagne aux États-Unis, de la France à la Russie.

On sera amené à vivre dans un nouvel état de guerre hanté de nouvelles peurs. Non plus celle de l'anéantissement nucléaire (dont nous ont protégés la sagesse de vieux dirigeants soviétiques pétris des souvenirs de leurs propres campagnes contre Hitler, ainsi que la force de dissuasion nucléaire américaine), mais celle de la mort terroriste. Tout ce qui se déplace sera bientôt considéré comme un danger potentiel : un avion, un camion, un train, un bateau, une lettre, un réseau informatique, un virus animal. Tout ce qui fait fonctionner les marchés et la démocratie en sera fragilisé. Un peu de violence pourra engendrer beaucoup de mal. Cette guerre aux formes multiples et imprévisibles n'en est encore qu'à ses premières escarmouches.

Dans ce contexte, Américains et Européens sont divisés sur la stratégie à suivre. L'Amérique tire pour l'instant de cette menace une conclusion claire :

puisque tant d'hommes, pense-t-elle, rêvent de vivre en Amérique ou comme en Amérique, sa mission consiste à chasser les quelques monstres qui les oppriment encore et à débarrasser le monde des bandes terroristes qui peuvent le menacer. Elle déclare donc la guerre aux totalitarismes éthiques et s'en donne les moyens : son budget de la Défense est désormais supérieur au total de ceux des quatre autres membres permanents du Conseil de sécurité. Elle dispose des capacités de prendre de l'avance dans toutes les technologies de l'avenir, qu'elles soient civiles ou militaires. Et y ajoute toute la panoplie de la protection civile : car la guerre se joue au moins autant dans la surveillance et la défense des réseaux de transport en commun que dans la mise au point d'armements sophistiqués. Pour Washington, les Européens ne seraient pacifistes que parce qu'ils n'ont pas les moyens militaires d'une autre stratégie, oubliant où cette lâcheté les a conduits il y a quelque soixante-dix ans.

Pour les Européens, cette thèse aurait bien plus de poids si ne prospéraient çà et là de nombreux dictateurs imposés et encore soutenus par le Pentagone. À leurs yeux, les Américains ne seraient bellicistes que pour mieux dominer le reste du monde, ce dont ils ont besoin pour financer leur déficit. Moins préparés à l'idée d'une nouvelle guerre planétaire, les Européens soutiennent qu'il ne suffit pas de bombarder une nation pour y installer durablement la démocratie ; il faut, après élimination des dictateurs, y implanter des institutions et des pratiques sociales du genre de celles que l'Occident a mis des siècles à édifier chez lui et auxquelles il n'a jamais pensé à préparer ses ex-colonies. Ce qui se passe par exemple en Afghanistan où le trafic de drogue a repris de plus belle, et en Irak où s'est installée une anarchie sans avenir, en fournit deux belles illustrations.

Les Européens souffrent du complexe du colonisateur ; les Américains, de celui du décolonisé. Les premiers cultivent le pessimisme des maîtres déclassés ; les seconds, l'optimisme des nouveaux riches. Les uns et les autres oublient qu'ils sont, ensemble, les privilégiés d'une planète qu'ils ont jusqu'ici allégrement pillée de conserve.

Les États-Unis peuvent encore changer de stratégie, disposer leurs chariots en cercle, s'isoler et ne plus s'occuper du reste du monde, l'abandonnant au chaos. Les Européens peuvent encore se réveiller et se donner les moyens politiques et militaires de se défendre. État d'urgence, bunker contre bunker... La troisième guerre mondiale deviendrait alors une guerre de tranchées. Il ne resterait plus rien dès lors ni de la démocratie ni des marchés.

Tel est le monde d'aujourd'hui, et voilà ce qui s'y annonce. On aura compris que l'enjeu dépasse de beaucoup la préservation de la douceur de vivre dont bénéficient la majorité des Occidentaux. Il s'agit aussi de bien plus que d'un simple conflit d'ambitions. Il est de savoir si les civilisations sauront éviter de se dissoudre ; si elles apprendront à se tolérer, à inventer des projets de société viables conciliant liberté, morale et progrès, abondance et équité, création et transmission, responsabilité et dignité, justice et efficacité.

La France dans les marchés

Depuis mille ans, la France participe aux principaux événements planétaires. Depuis cinq siècles, elle est de presque toutes les guerres européennes et coloniales. Depuis trois siècles, on y réfléchit à ce que pourrait être une société idéale. Depuis plus de deux cents ans, on y contribue à l'invention des droits de l'homme. Depuis un bon siècle, ce pays est une république et, depuis deux décennies, une économie de marché. Pendant soixante ans, l'arme nucléaire a préservé sa liberté et son autonomie. La France a recouvré son statut de grande puissance, qu'elle a légitimé par un siège de membre permanent du Conseil de sécurité et par un cinquième rang au palmarès économique mondial.

Tout cela aussi risque de ne pas durer.

Une nation forte

La France reste un des pays les plus riches du monde et un des premiers bénéficiaires de la mondialisation.

Malgré une population inférieure au centième de celle de la planète, elle est encore la cinquième puissance économique, le cinquième exportateur de biens et services, le deuxième exportateur agricole, le deuxième pays d'accueil des investissements étrangers après la Chine ; avec la Suisse et le Japon, elle connaît, sur vingt ans, l'un des plus bas taux d'inflation au monde. Parmi les entreprises de taille mondiale encore considérées comme françaises, on trouve aujourd'hui non plus seulement des compagnies liées aux marchés publics (défense, transports, énergie), mais des firmes majeures dans les domaines de la grande consommation (automobile, luxe, agroalimentaire, pharmacie).

Depuis trente ans, la richesse du pays a presque doublé et le pouvoir d'achat des plus bas salaires a augmenté des deux tiers. Au cours de la même période, le nombre de voitures, de téléviseurs, de téléphones, de biens d'équipement ménager par habitant a plus que triplé. Alors qu'en 1995 l'ordinateur personnel, le téléphone portable et l'internet étaient pratiquement inconnus dans l'Hexagone au point de n'avoir pas été évoqués durant la campagne présidentielle de cette année-là, 37 millions de Français utilisent aujourd'hui un téléphone portable, 25 millions ont accès à un ordinateur, 16 millions sont des internautes. Ainsi se sont trouvées bouleversées les mœurs, les conditions de vie, de logement, de travail et de loisir de la majorité des habitants de ce pays.

Bien qu'ils travaillent beaucoup moins longtemps que la plupart des autres habitants de la planète (la durée annuelle du travail a baissé en France de cinquante jours depuis 1980, soit bien plus que ce qui a été fait ailleurs), le nombre des Français (et surtout des Françaises) qui travaillent continue de croître. La part de la classe moyenne dans la population a notablement augmenté, au détriment de celle de la classe ouvrière et des paysans. Le nombre de ménages n'atteignant que la moitié du niveau de vie médian a été divisé par trois en trente ans et le rapport entre revenus des 10 % les plus riches et des 10 % les plus pauvres a été divisé par deux et demi en cinquante ans.

Les infrastructures du pays restent parmi les plus modernes. Le cadre de vie, la sécurité urbaine, le niveau d'éducation sont parmi les plus élevés au monde. On compte aujourd'hui 2,2 millions d'étudiants dans nos universités au lieu de 350 000 il y a trente ans. Le système de santé français est un des meilleurs du monde : l'espérance de vie a augmenté de douze ans en trente ans et continue de progresser de trois mois tous les ans ; la femme française est l'être humain au monde qui vit en moyenne le plus longtemps ; vers 2035, l'espérance de vie atteindra en France 85 ans ; elle sera de 90 ans en 2050 pour les femmes, et de 100 ans vers la fin du siècle. Les centenaires, qui étaient 200 en France en 1950, sont aujourd'hui 9 000 ; ils seront 150 000 en 2050 et plusieurs millions à la fin du siècle. La natalité est, enfin, l'une des moins désastreuses du continent : le taux de fécondité est l'un des moins bas d'Europe.

Ce pays demeure une puissance diplomatique majeure ; il possède encore une des premières armées du monde ; il reste une des cinq puissances autorisées officiellement à disposer de l'arme nucléaire. Il est encore, dans certains domaines scientifiques et culturels, à la pointe de la recherche et de la création. Il est en outre de plus en plus ouvert, prêt à accepter la mobilité, le changement, et beaucoup y attendent moins de l'État. Réussir n'y est plus toujours considéré comme suspect. La création de l'euro commence à y bouleverser les esprits, à les ouvrir à de nouvelles aventures. Nombre de Français sont en quête d'autonomie et de responsabilités ; ils veulent être mieux formés et aspirent à davantage de temps libre pour leurs loisirs et pour des actions de bénévolat ; ils sont de plus en plus en quête de sens, d'une identité sociale, d'une utilité personnelle.

Au bord de l'implosion...

Dans le formidable maelström qu'on a décrit précédemment, le statut de la France risque de voler en éclats. Les marchés pourraient bousculer sa culture, sa conception du droit et des rapports internationaux. Comme les autres vieux pays, elle pourrait décliner face à la concurrence des plus jeunes. Elle pourrait même s'effondrer, comme le reste de l'Occident, face à la violence des pauvres et aux totalitarismes éthiques, internes et externes. Elle pourrait disparaître, comme le reste de la planète, sous les coups de la société de marchandises.

Pendant qu'une partie du pays avance, à l'avant-garde des changements du monde, une autre s'engourdit confortablement, et une troisième s'enfonce dans la précarité. La France connaît depuis trente ans, avec le Japon et la Suisse, le taux de croissance le plus bas des pays développés. On y trouve à la fois l'un des plus grands nombres d'emplois garantis (plus d'un sur quatre, contre un sur sept dans les autres pays développés) et l'un des plus grands nombres de chômeurs : les bénéficiaires d'un statut y sont toujours près de sept millions, alors qu'en trente ans le nombre des chômeurs a décuplé, et plus encore parmi les jeunes et les plus de 55 ans (les uns et les autres étant les moins employés du monde développé). Un tiers des jeunes sans diplôme sont durablement au chômage. Pendant la même période, ce pays a perdu plus d'un million et demi d'emplois industriels, signe d'un fort mouvement de délocalisation des entreprises, même s'il est moindre que celui frappant d'autres pays européens. La France reste l'un des pays les moins bien équipés d'Europe en informatique : moins d'un quart des foyers disposent d'un accès à l'internet, et moins de trois millions d'un accès à haut débit.

Nos industries des télécommunications, des logiciels et de l'informatique, si elles peuvent encore s'appuyer sur des champions de très haut niveau, ne comptent plus parmi les premières du monde. Nos fournisseurs d'équipements délocalisent leurs usines ; les entrepreneurs quittent la France en masse pour des raisons fiscales et/ou culturelles ; plus de 50 000 ingénieurs et chercheurs français ont, au cours de ces douze dernières années, pris le chemin de l'Amérique sans esprit de retour. Tous les ans, une entreprise sur dix disparaît ; et il s'en crée deux fois moins qu'en Italie ou en d'autres pays du continent.

Les centres de décision de nombreuses grandes entreprises françaises passent à l'étranger. Pratiquement toutes les entreprises stratégiques nationalisées en 1981 – nul actionnaire privé n'ayant eu alors les moyens de les développer – ont fini par être reprivatisées et vendues à des groupes étrangers, appauvrissant d'autant la collectivité. En France, 44 % du capital des entreprises cotées sont détenus par l'étranger, contre 22 % au Royaume-Uni et en Allemagne, et 7 % aux États-Unis. On a basculé très brutalement d'une économie fermée à une économie plus qu'ouverte : offerte.

De plus, la France recule dans de nombreux domaines du savoir ; en mettant l'accent sur l'enseignement primaire et secondaire plus que sur le supérieur, elle devient un pays d'imitation plus que d'innovation. Toutes proportions gardées, elle consacre à l'enseignement supérieur deux fois et demie moins de ressources que les États-Unis et beaucoup moins que l'Allemagne, le Japon ou la Suède. Elle est le seul pays développé où la dépense par lycéen est supérieure à la dépense par étudiant ! Or, malgré ces priorités absurdes, à l'entrée en sixième un élève sur cinq (soit plus de 100 000 enfants) et un sur sept à l'âge de quinze ans, à la sortie du collège, ne sait pas lire, ce qui le programme pour la pauvreté. La situation de l'enseignement supérieur est encore plus préoccupante : le nombre de jeunes qui entament ces études est très inférieur à celui des pays développés comparables ; par ailleurs, la moitié des étudiants ne terminent pas leurs études, contre 29 % en moyenne dans les pays de l'OCDE. Quant à la formation professionnelle après 30 ans, elle ne concerne que 1 % des Français, soit vingt fois moins que dans les pays scandinaves. La recherche représente le huitième de ce qu'elle est aux États-Unis et la recherche privée en particulier est une des plus faibles du monde développé. Pour une dépense de recherche équivalant à celle de nos voisins, nous déposons moins de brevets. En conséquence, la productivité française a baissé en valeur relative de 10 % depuis dix ans par rapport à celle de nos principaux concurrents, ce qui nous place au dix-septième rang des pays développés.

Les conséquences déstructurantes de la généralisation du marché et de sa victoire sur la démocratie commencent là aussi à se manifester. Comme partout ailleurs, le marché impose une croissance de la part des profits dans le revenu national, au détriment des salaires ; la France connaît même la plus forte évolution en ce sens de tous les pays développés : depuis 1980, les profits y ont augmenté trois fois plus vite que les salaires, et deux fois plus vite que les autres revenus. Le salaire du patron le mieux payé est de 440 fois le SMIC. Les revenus du patrimoine (intérêts et dividendes) ont été multipliés par trois depuis cette date, alors que le revenu disponible des salariés n'a crû que d'un tiers. Les patrimoines des plus riches – propriétaires d'entreprises, rentiers, cadres dirigeants associés aux bénéfices par le jeu des options, etc. – augmentent beaucoup plus vite que ceux des ouvriers, des fonctionnaires, des employés et des cadres subalternes ou moyens. Exclus des profits par les dirigeants, ces derniers se rangent du côté des employés et des ouvriers pour revendiquer et profiter de la baisse de la durée du travail.

Depuis 1970, la mobilité sociale a diminué considérablement ; le nombre de chômeurs de longue durée augmente même en cas de baisse générale du chômage ; le nombre de ménages surendettés ne cesse lui aussi de croître. Celui des pauvres, qui avait très légèrement baissé de 1996 à 2000, dépasse à nouveau les quatre millions ; environ deux millions de ménages, soit un sur dix, survit en dessous du « seuil de pauvreté » (situé à la moitié du niveau de vie médian, soit aujourd'hui 460 euros mensuels pour une personne seule). Un million d'enfants sont élevés au sein de familles vivant au-dessous de ce seuil, notamment dans les « minorités visibles » (Noirs et Arabes) qui représentent plus de 12 % de la population. Alors que les pauvres étaient jusqu'ici pour l'essentiel des vieux, on en trouve de plus en plus dans toutes les classes d'âge, en particulier parmi les « minorités visibles ». Parmi eux, on compte une moitié d'actifs, dont un demi-million de travailleurs indépendants. Le chômage ne constitue donc pas la cause unique de la pauvreté, même si l'on a trois fois et demie plus de risques d'être pauvre lorsqu'on est chômeur, et si les quatre cinquièmes des ménages comportant un chômeur survivent au-dessous du seuil de pauvreté. La précarité est désormais d'abord urbaine et touche de plus en plus d'individus en difficultés culturelles, victimes de discriminations ethniques ou religieuses qui les cantonnent dans les secteurs les plus dégradés. Les familles les plus pauvres ne savent ni où vivre, ni comment vivre. Environ 400 000 personnes sont sans domicile fixe ; il manque actuellement 600 000 logements ; il faudrait construire 80 000 logements sociaux par an ; sur les 350 000 construits en 2003, seulement 30 000 seront accessibles à de bas revenus ; les banlieues où ceux-ci s'entassent sont dans un état désastreux.

L'État ne semble plus à même de contrôler cette évolution. Comme dans les autres pays, il a perdu l'essentiel des moyens de sa politique économique et sociale : il ne peut plus intervenir sur le cours de la monnaie ni sur le taux d'intérêt. Il ne peut pas non plus augmenter les déficits budgétaires qui ont déjà dépassé les seuils fixés par l'Union européenne. Il ne peut plus engager de grands travaux : son endettement, qui dépasse les mille milliards d'euros – et auquel s'ajoutent le déficit de la protection sociale et les engagements en matière de retraites –, est devenu un fardeau paralysant. Comme il n'y a pas consensus pour financer plus de dépenses par l'impôt, l'État se trouve réduit à l'inaction sans que la lutte contre le gaspillage des fonds publics ait fait pour autant le moindre progrès. De fait, dans un domaine où la collectivité est particulièrement efficace, la santé, les effets de ce gaspillage restent considérables : ainsi, les dépenses cumulées en médicaments, frais de clinique, analyses, indemnités journalières, augmentent cinq fois plus vite que la richesse nationale, sans que soient assurés ni un réel contrôle de ces dépenses, ni une égalité de traitement des malades, ni une répartition rationnelle des offres de soins sur le territoire (par exemple, on ne trouve presque plus de médecins gynécologues dans les deux tiers des départements français). L'espérance de vie reste très variable d'une région à l'autre, et d'une classe sociale à l'autre. À 35 ans, elle est, pour un ouvrier, de dix ans inférieure à celle d'un cadre. Pour maîtriser ces dépenses, la France recourt à la pire des méthodes, donnant le pouvoir conjointement aux médecins et à l'État, et non pas aux collectivités locales.

En matière scolaire, l'échec affecte de plus en plus en priorité, là encore, les « minorités visibles ». Il est maintenant quatre fois plus difficile qu'il y a trente ans à un enfant issu d'un milieu défavorisé de réussir dans l'enseignement supérieur. Et les « minorités visibles » sont, à diplôme égal, jusqu'à cinq fois plus victimes du chômage et d'autres problèmes (de santé, de logement, etc.) que les autres. Les plus pauvres éprouvent plus de difficultés à améliorer leur revenu, même d'une génération à l'autre. Là encore, les « minorités visibles » sont les plus touchées par l'immobilité sociale.

Ceux dont la société ne veut pas n'apprendront ni à lire ni à écrire. Ils se contenteront de psalmodier du rap et de reproduire les mœurs des ghettos américains. Cela pousse certains membres de ces minorités à céder à la tentation du communautarisme et même du totalitarisme éthique, qu'on trouve déjà esquissé dans le port de signes identitaires ostentatoires et dans le repli sur la vie communautaire.

...et vieillissante

Le déclin démographique est une ultime menace, et les immigrants ne sont pas en situation de l'enrayer : si la France a accueilli de très nombreux étrangers de 1920 à 1938, puis de 1945 à 1973, elle est, depuis lors, le pays de l'Union européenne qui en reçoit le moins, et celui dont la croissance démographique dépend le moins de leur apport. Si les femmes immigrées font un peu plus d'enfants que les ressortissantes françaises, elles sont trop peu nombreuses (le douzième des femmes en âge d'avoir des enfants) pour pouvoir relever sérieusement le taux de fécondité du pays ; elles ne font passer le nombre moyen d'enfants par femme que de 1,65 à 1,72 en France métropolitaine. Et même si ce sont en général les mieux éduqués des pauvres du Sud qui prennent le chemin de l'Europe, leur intégration est plutôt mal conduite en France.

Au total, pendant les trente dernières années, la population française n'a crû que de 10 %, alors que l'américaine a augmenté de 30 %, essentiellement grâce à l'immigration.

Tout, dans la politique française, témoigne déjà de la victoire des vieux sur les jeunes : depuis au moins vingt ans, la priorité est à la lutte contre l'inflation qui favorise les rentiers, fût-ce au prix du chômage des jeunes. De surcroît, les revenus des vieux ont considérablement augmenté par comparaison avec ceux des jeunes ; le pays, tous gouvernements confondus, a multiplié les cadeaux fiscaux aux retraités et aux détenteurs de rente, et a consacré de moins en moins de ressources à la préparation de l'avenir. Aujourd'hui, les deux tiers des patrimoines financiers appartiennent à des retraités.

Ce vieillissement se manifeste aussi dans l'exceptionnel immobilisme des élites. Alors que le système représentatif suppose une rotation de ceux qui en assument la charge, la classe dirigeante française est immuable. Partout ailleurs, les hommes politiques ont une carrière brève et quittent la scène après une défaite, comme l'a fait, seul en France de son genre, Lionel Jospin. En Grande-Bretagne, en Allemagne, en Italie, aux États-Unis, les Premiers ministres, comme les chefs de l'opposition, sont tous des nouveaux venus en politique. Ils ont tous moins de soixante ans. Aucun d'eux n'a rempli plus de deux mandats, alors qu'il n'est pas rare de voir chez nous des élus locaux ou des parlementaires rester en fonction pendant trois, quatre ou cinq mandats. Ce qui vaut à la classe politique française le triste privilège d'être la plus âgée de toutes les grandes démocraties. C'est aussi vrai de la direction des administrations, des laboratoires de recherche (comment peut-on être « chercheur à vie » au même endroit ?) et de la plupart des instances de pouvoir. Au total, ceux qui assurent la direction politique et scientifique de la France vieillissent. *Pas étonnant qu'ils endettent le pays : ce ne sont pas eux qui rembourseront !*

Un pays vieux a moins d'enfants : le nombre de naissances en France continue de décroître. À partir de 2005, celui des personnes partant en retraite doublera pour atteindre 600 000 ; à partir de 2007, la population active baissera, alors qu'elle a longtemps augmenté au rythme de 250 000 par an. À partir de 2010, la mortalité dépassera la natalité. La population française diminuera, sauf si l'immigration s'en mêle.

Au milieu du XXIe siècle, le nombre de personnes âgées aura doublé, passant à 22 millions, alors que la population active stagnera à 23 millions.

Ce vieillissement donnera l'illusion au pays qu'il a moins de problèmes. De fait, la France comptera moins de chômeurs, aura besoin de moins de crèches et d'écoles. Le souci du pays, dans les années à venir, ne sera donc plus, en apparence, celui qui l'obsède depuis trente ans : les sans-emploi, mais celui de sa capacité à tenir son rang.

Car, si elle se laisse vieillir, la France montrera moins de vitalité, l'intégration des minorités y sera plus difficile, l'innovation sociale et technologique ralentira, les recettes fiscales baisseront et l'emploi lui-même se dégradera. Le système universitaire français sera abandonné par les meilleurs élèves, professeurs et chercheurs. Le pays perdra ainsi de son savoir et de sa capacité à en créer. Déjà les meilleurs spécialistes, les artistes les plus inventifs, les plus aventuriers des entrepreneurs, les plus audacieux des créateurs songent à aller se faire entendre et apprécier ailleurs.

La France se défendra, se protégera. Sans révision radicale de sa politique, elle reculera, perdra pied. Elle s'oubliera, cessera de s'inventer. Elle ne sera plus porteuse d'avenir, ni du sien ni de celui des autres. On s'y disputera sur le meilleur usage de ses loisirs. Les mots « travail », « effort », « exigence », « devoir », « morale » deviendront autant d'anachronismes frisant le ridicule, objets de plaisanterie. La culture de la paysannerie, de la classe ouvrière, des ingénieurs, des enseignants et des chercheurs se dissoudra dans l'individualisme hédoniste des retraités de la classe moyenne.

Ces évolutions conjuguées se traduiront par une baisse de l'influence de la France. Déjà, le français est de moins en moins parlé dans le monde : si l'on trouve dans toutes les grandes villes de la planète une boutique de chacun des grands artisans du luxe français, il en est déjà beaucoup où n'existe pas ou plus la moindre librairie française.

Incapable de se réformer, l'État se crispera alors sur son territoire. Les fonctionnaires accepteront mal ou pas du tout les changements que requerrait toute tentative de redressement. Syndicats et partis n'auront qu'un seul mot d'ordre, compréhensible mais caractéristique du vieillissement, voire de la sclérose : préserver les avantages acquis.

Nation paysanne, longtemps marquée par l'étatisme parce que paysanne, la France aura alors perdu les rares degrés d'autonomie qui lui restaient encore. Elle ne sera plus qu'une puissance très moyenne, lieu de villégiature de nouveaux riches, à l'instar de ce qu'est devenue de nos jours une autre ancienne puissance impériale : le Portugal. Elle ne représentera plus que 0,5 % de la population et moins de 3 % de la richesse mondiales, et ne pèsera plus guère sur le cours de l'histoire de la planète. Ni même sur le cours de sa propre histoire.

Comme les autres pays occidentaux, la France sera ainsi entrée dans la société de marché avant de verser dans le spectacle de la marchandise. De la première phase, on perçoit les prémices dans la privatisation générale des services publics, qui témoigne de la victoire de la loi de la concurrence dans des secteurs où elle était encore exclue : l'énergie, la poste, les transports. De la seconde, on voit l'annonce dans la hiérarchie des renommées, des fortunes, des revenus, des influences, qui reconnaît aujourd'hui le plus de pouvoir aux groupes et aux firmes qui contrôlent les réseaux de l'information, de la distraction, de la culture, et les plus hauts revenus aux « vedettes » et « animateurs » de ces secteurs.

Dans cette ambiance délétère, les jeunes et les avant-gardes du savoir, de l'art, de l'entreprise, empêtrés dans un tissu de contradictions, se préparent à partir vers d'autres terres, là où cette évolution est plus avancée encore et où chaque individu n'est plus pris que pour ce qu'il est. Et beaucoup de ceux – ils sont nombreux dans tous les groupes sociaux – qui sont dotés d'un esprit d'aventure rêvent d'en faire autant. De plus en plus de citoyens, formés en France aux frais des contribuables, pourraient ainsi décider d'aller vivre et travailler ailleurs.

Aucune des faiblesses énumérées ci-dessus n'est irréversible : la démographie pourrait reprendre, l'intégration sociale devenir harmonieuse, les créa-

teurs retrouver plaisir à vivre et travailler chez nous ;
un autre élan redynamiser le pays.

La France pourrait comprendre que des concurrents
redoutables sont à ses portes, que plus rien n'est
protégé, qu'il n'existe plus de secteur privilégié, que
rien ne retient les entreprises de partir, que le pays est
un hôtel menacé de se vider, qu'il sera bientôt trop
vieux pour réagir, qu'il lui faut travailler beaucoup
plus.

Aujourd'hui, la France hésite ainsi entre quatre des-
tins : se crisper sur elle-même pour tenter d'échapper
au monde ; s'inscrire dans la mondialisation et gagner
la bataille contre la concurrence en réduisant au maximum ses coûts et en augmentant la précarité ; mieux
répartir les richesses en acceptant de prendre tous les
risques de la société de marché ; inventer enfin une
nouvelle façon de vivre ensemble qui permette de
combiner ce que le marché a de meilleur et ce que la
démocratie peut apporter de plus fort.

Autour du premier destin se regrouperont l'extrême
droite et une fraction de l'extrême gauche. Autour du
deuxième, on retrouvera les libéraux. Autour du troisième tentera de survivre une « social-démocratie de
marché », gauche maladroite qui ralliera un jour les
libéraux. Autour du quatrième devrait s'inventer une
nouvelle voie, une voie humaine, pour une nouvelle
social-démocratie.

La droite extrême, la droite souverainiste et une
partie de l'extrême gauche s'opposeront à l'abandon

des instruments de l'identité nationale et proposeront de se bunkériser. La droite libérale se sentira à l'aise dans l'accompagnement de cette mutation, qu'elle dira positive, vers un XXIIe siècle marchand ; elle y retrouvera ses valeurs et tout ce qui la porte ; confiante dans ses capacités de se moderniser, elle pensera même que le pays pourra y recouvrer sa place. Plus inquiète, moins optimiste, plus soucieuse d'équité, la social-démocratie traditionnelle proposera de partager les ressources et de maintenir les protections contre les excès de la société de marché.

Les uns et les autres devront affronter les menaces des totalitarismes éthiques et vivre dans une exigence sécuritaire renforcée qui pourrait remettre en cause la démocratie elle-même.

Pour ceux qui voudront aller ailleurs ou plus loin, il faudra repenser la politique, réinventer sa mission, ses outils, son agenda. Ouvrir une nouvelle voie, que je nomme ici *voie humaine*. Et, à cette fin, introduire quelques nouveaux concepts, non classiques, voire hérétiques, dans le débat politique pour définir ce que pourrait être une *nouvelle social-démocratie*.

La gauche maladroite

La social-démocratie de marché :
le temps uniformément protégé

C'est dans ce monde emporté par un ouragan libéral que tente de survivre tant bien que mal la social-démocratie. Cent vingt ans après sa naissance, elle constitue encore une des principales forces de gouvernement en Europe et se développe dans les nouvelles démocraties d'Amérique latine et d'Asie. Son ambition reste simple et sommaire : protéger des conséquences néfastes du marché en redistribuant au mieux les richesses.

Depuis sa naissance, en Allemagne, en Grande-Bretagne, en France, en Scandinavie, la social-démocratie s'est donné pour raison d'être de protéger les faibles sans remettre en cause le cadre de la démocratie de marché. Elle a refusé pour l'essentiel l'héritage du marxisme et rejeté le dogme de l'appropriation publique des moyens de production. L'ambition de cette *social-démocratie de marché* est d'utiliser l'État pour protéger le temps de chacun contre les aléas de la vie et la pénibilité au travail et hors du travail. Elle oppose donc au temps marchand un *temps uniformément protégé*. Pas seulement pour la classe ouvrière, dont les effectifs sont en diminution partout, mais aussi et désormais surtout pour la classe moyenne.

Depuis quelque dix ans, cette social-démocratie de marché a clairement évolué vers la droite. D'où l'expression ironique : une *gauche maladroite*.

Même si certains de ces partis sociaux-démocrates continuent de réciter la vulgate du socialisme, tous sont devenus, à l'échelle locale ou nationale, des gestionnaires de l'économie de marché, sans plus aucune autre ambition que de prôner une distribution plus équitable des revenus et une certaine égalité des chances. Pour ne pas trop augmenter les dépenses publiques, devenues impopulaires, ils se contentent d'organiser l'atténuation de certains effets pernicieux du marché sur les faibles, en particulier les chômeurs, les handicapés, les personnes âgées, et surtout les éléments les plus vulnérables de la classe moyenne.

Les sociaux-démocrates de marché sont en effet, comme les libéraux, convaincus que la croissance des dépenses publiques – donc de l'économie socialisée – est néfaste. De surcroît, pour eux, l'État ne doit pas non plus interférer dans les décisions des entreprises qui, par nature, sont mieux à même de savoir ce qui est bon pour elles. La puissance publique ne doit pas davantage tenter d'influer sur les consommateurs, que la mondialisation a rendus plus indépendants, mieux informés et apparemment plus libres. La doctrine économique des sociaux-démocrates se calque ainsi peu à peu sur celle des libéraux.

À des moments différents selon les pays, cette social-démocratie de marché a progressivement renoncé à la nationalisation des services publics, à l'augmentation des dépenses collectives, aux grands travaux, aux emplois publics, à la fixation des salaires et des prix, à celle du cours de la monnaie, des taux d'intérêt, des droits de douane et du niveau du déficit budgétaire, ainsi qu'à l'imposition de l'épargne et du capital. Elle a aussi renoncé à prendre le pouvoir au sein de l'entreprise. Elle a concentré ses efforts sur la protection des acquis de la classe moyenne, tout en acceptant la privatisation d'une partie des services publics et en encourageant les individus en situation de pouvoir travailler à prendre des risques. Ne lui restent plus comme outils que ceux qui lui permettent de protéger tant soit peu le temps des plus faibles et les chômeurs contre la précarité, tout en préservant les « champions » nationaux, en favorisant les infrastructures publiques, l'éducation, la recherche, la santé, et en assurant aux citoyens une protection sociale équitable tout au long de leur vie.

Pour ces sociaux-démocrates, la lutte contre le chômage passe donc désormais d'abord par la formation et par le retour au travail, même moins bien rémunéré, et non plus par le déficit ou l'emploi public. Ils acceptent l'idée que nul ne devrait plus prétendre à des indemnités de chômage s'il refuse de se former ou d'occuper un emploi disponible. Ils veulent voir financer les études universitaires par les étudiants eux-mêmes – des bourses étant prévues pour les plus modestes –, car, pour eux, les contribuables qui n'ont pas fait d'études supérieures ne devraient pas être tenus de financer ceux qui en font.

Tous ne parlent que de choses prosaïques, à l'impact très immédiat, sans plus aucune référence historique ou idéologique. Ils ne construisent que sur des pratiques, ne vantent que des résultats obtenus ici et maintenant, sans plus consacrer aucune réflexion à la nature du monde et aux rapports de force qui s'y jouent. Rarement la politique aura été aussi peu intellectuelle qu'aujourd'hui. Ainsi, un dirigeant du Parti socialiste suisse – un des derniers pays occidentaux où la social-démocratie se dit encore « socialiste » –, le conseiller fédéral Moritz Leuenberger affirmait récemment : « Ce ne sont pas les pensées des philosophes et des utopistes, mais bien les résultats obtenus par les chefs de gouvernement qui servent de référence pour évaluer l'avenir de la social-démocratie. »

La social-démocratie se résigne donc désormais à faire baisser la part des prélèvements obligatoires dans le revenu national, à accorder plus de place au temps marchand, à ne plus protéger que le temps des plus menacés (et non pas forcément des plus faibles).

On trouve trace de ce type de virage vers la social-démocratie de marché dans l'évolution de la direction du Parti socialiste ouvrier espagnol revenu au pouvoir en mars 2004, dans les conditions du retour au pouvoir en Suède des sociaux-démocrates après l'intermède conservateur de 1991-1994, dans le comportement du Parti travailliste en Grande-Bretagne à partir de sa victoire de mai 1997, dans celui des « néo-démocrates » au pouvoir en Colombie-Britannique et dans le Saskatchewan au Canada.

Ce ralliement à l'économie de marché dépasse même les frontières du camp social-démocrate pour concerner des partis situés plus à gauche, comme les partis communistes en France, en Espagne ou en Italie, qui ont pour la plupart renoncé même à leur nom. En Allemagne, par exemple, le Parti démocrate socialiste, qui rassemble les anciens communistes de l'ex-Allemagne de l'Est, vient de déclarer, lors de son congrès, que « l'entreprise privée et le profit constituent des facteurs de développement et d'innovation ».

Pour gagner la confiance des classes moyennes qui constituent désormais leur électorat principal, et des cadres sans lesquels il n'y a plus de majorité de gouvernement, les sociaux-démocrates ont même accepté presque partout de ne pas remettre en cause les réformes promulguées par les gouvernements de droite qui les ont précédés. Ainsi, dans ce temple de la social-démocratie qu'est la Suède, le gouvernement social-démocrate a poursuivi les réductions de dépenses de ses prédécesseurs de droite en les accompagnant de hausses d'impôts d'une ampleur presque égale et d'une réduction de la part du revenu national consacrée aux dépenses collectives.

Que reste-t-il alors de ce modèle dans les pays d'Europe où ses tenants sont aux affaires ?

En Suède, où elle s'est le mieux installée et depuis le plus longtemps, la social-démocratie de marché se caractérise par une protection uniforme du temps des plus faibles : une pauvreté minimale, une échelle de revenus très étroite, des taux d'emploi élevés, un fort taux d'activité féminine, une couverture des risques par les régimes publics d'assurance sociale. Les droits aux prestations sont individualisés et l'assurance-maladie est publique ; depuis l'aide à l'enfance jusqu'à celle aux handicapés, aux mères et aux personnes âgées, les services sociaux sont assurés en majeure partie par les communes. Mais ceux qui sont en situation de chercher et trouver du travail sont moins longuement protégés que les autres. Là comme dans les autres pays nordiques, les gouvernements sociaux-démocrates acceptent en effet une réduction de l'ampleur et de la durée de cette protection, donc une certaine précarité qui favorise la flexibilité et le travail à temps partiel ; ils suppriment ainsi les indemnités de chômage aux moins de 25 ans qui, au bout de six mois, refusent un emploi dans une « école de production » où ils peuvent continuer à se former tout en se rendant utiles ; ils diminuent les dépenses consacrées à l'enseignement de base obligatoire, jusqu'au lycée ; ils réduisent les financements publics des services d'aide à domicile pour les retraités, en sorte de les renvoyer sur le secteur privé. En échange, ils mettent davantage l'accent sur la formation permanente, la mise à niveau, l'« employabilité », la protection de catégories parmi les plus faibles – femmes seules et handicapés – et la requalification des chômeurs. En Autriche, ils contraignent même les chômeurs célibataires à accepter des emplois à bas salaire loin de leurs domiciles, considérés comme des passerelles vers des situations plus stables et mieux rémunérées.

Cette évolution de la social-démocratie vers l'acceptation de la société de marché est particulièrement sensible en Allemagne et en Grande-Bretagne.

En Allemagne, face à la croissance des dépenses publiques, au ralentissement de la collecte des impôts, à la hausse des déficits, à la montée du chômage et au vieillissement de la population, le Chancelier a lancé en mars 2003 un vaste programme de réduction des dépenses publiques, baptisé « Agenda 2010 », touchant les malades, les retraités et les chômeurs ; il organise ainsi le gel des retraites, le paiement partiel des médecins par les malades, la réduction des protections contre les licenciements dans les petites entreprises, la diminution de l'indemnisation du chômage, l'obligation d'accepter un emploi proposé même s'il est moins bien rémunéré. Aux critiques des militants de son propre parti (le SPD, la plus ancienne formation politique du monde, qui a perdu 50 000 de ses 650 000 adhérents depuis l'annonce de ces réformes), Gerhard Schröder est allé jusqu'à répondre : « Ceux qui pensent que rien ne doit changer n'ont pas compris à quel point le monde se transforme autour d'eux. » En février 2004, ne réussissant pas à les convaincre, il a dû quitter la direction de sa formation pour lui conserver une maigre chance de remporter les prochaines élections législatives.

En Grande-Bretagne, le Labour a suivi la même évolution. Pour revenir au pouvoir après dix-huit ans de règne conservateur et regagner la confiance des classes moyennes, allergiques à l'impôt, le parti travailliste a dû rompre avec les syndicats ; il a dû aussi préserver une partie de la « révolution thatchérienne » qui a, reconnaît-il, accru la puissance de la City, réduit le chômage et attiré des investisseurs étrangers. Les nouveaux dirigeants travaillistes affichent ainsi leur engagement de ne pas augmenter les impôts, leur rejet du dirigisme et leur résignation à la flexibilité. Pour renouveler leur doctrine, ils s'inspirent des théories communautaristes d'un professeur de Harvard, Amitar Etzioni (pour qui le progrès social passe d'abord par la qualité des infrastructures publiques), et de celles d'un professeur de Cambridge, Anthony Giddens (pour qui il faut dépasser l'opposition gauche/droite et ouvrir une « troisième voie », de

« modernisation de la démocratie sociale »). « Il n'y a pas de politique économique de droite ou de gauche », osera même dire à Paris le Premier ministre britannique, en octobre 1998, devant une Assemblée nationale ébahie ; « il y a ce qui marche et ce qui ne marche pas ».

Les travaillistes bornent donc leur action à tenter de corriger un peu la distribution des revenus qu'implique le marché par l'amélioration de quelques droits sociaux. Ils n'acceptent de maintenir les dépenses publiques que pour financer l'infrastructure de l'éducation et de la santé, tout en faisant payer une partie de leurs études aux étudiants ; ils rétablissent un salaire minimum, créent 150 000 emplois-jeunes et signent la Charte sociale de l'Union européenne.

Cette évolution générale vers la droite de la social-démocratie européenne est exprimée sans ambages, le 8 juin 1999, dans un texte cosigné par Tony Blair, prédicateur convaincu d'avoir inventé une nouvelle idéologie, et Gerhard Schröder, pragmatique soucieux de rassurer sa classe moyenne. Ils définissent le projet de la social-démocratie comme une façon efficace, et donc juste, de gérer le marché. Ils renoncent même à l'appellation de « social-démocratie ». Tony Blair parle de « troisième voie », et Gerhard Schröder de « nouveau centre ».

Pour eux, les citoyens ne font plus la différence entre gauche et droite : « La plupart des gens ont abandonné depuis longtemps la représentation du monde inspirée du dogme de la droite et de la gauche. C'est à ces gens-là que les sociaux-démocrates doivent s'adresser. » Selon eux, le marché est plus intelligent que les gouvernements ; et les chefs d'entreprise sont mieux placés que les fonctionnaires pour savoir ce qui est bien et bon pour leur firme. Ils écrivent : « On a exagéré les faiblesses du marché et sous-estimé ses vertus. » Aucun contrôle ne doit donc être mis sur la liberté d'usage par chacun de son droit de propriété, en particulier sur les moyens de production.

Pour Tony Blair et Gerhard Schröder, l'inégalité est justifiée si elle est fondée sur la différence d'efforts de chacun. Il faut donc cesser d'encourager la paresse et la médiocrité, et sortir de la conception surannée de la social-démocratie : « On risquait aussi d'associer, dans les esprits, "social-démocratie" avec "conformisme et médiocrité", au lieu d'incarner la créativité, la diversité et la performance... Des valeurs importantes pour les citoyens – la construction autonome de soi, le succès personnel, l'esprit d'entreprise, la responsabilité individuelle, le sentiment d'appartenance à une communauté – ont trop souvent été subordonnées aux garanties sociales universelles... »

Leur programme doit donc d'abord s'attacher à réduire la part des dépenses publiques dans le revenu national : « Le poids de la dépense publique dans le PIB a atteint les limites de l'acceptable. Disposer de services publics corrects est une vraie préoccupation pour les sociaux-démocrates, mais cela ne saurait se mesurer à la seule aune de la dépense publique. » En conséquence, ils souhaitent améliorer l'efficacité des services publics en associant le privé à leur financement et à leur gestion : « Dans le secteur public, la bureaucratie doit être réduite à tous les niveaux ; la qualité des services publics, évaluée en permanence. » L'État doit donc promouvoir le secteur privé : « Le gouvernement doit tout faire pour soutenir les entreprises et ne jamais croire qu'il puisse s'y substituer » ; « La création et la survie des petites entreprises doivent être facilitées ». Et, plus encore : « La société doit mettre à l'honneur ses chefs d'entreprise, comme elle le fait pour les artistes et les footballeurs, et valoriser la créativité dans tous les domaines de la vie. » La flexibilité est nécessaire : « Les sociaux-démocrates doivent marier les demandes croissantes en faveur de la flexibilité et les exigences sociales en faveur de conditions de vie normales. »

Tony Blair et Gerhard Schröder fixent néanmoins des limites au marché : « Nous sommes pour une économie de marché, mais pas pour une société de marché. » Les valeurs essentielles qu'ils tiennent à défendre sont : « honnêteté et justice sociale, liberté et égalité des chances, solidarité et esprit de responsabilité envers autrui », comme s'il s'agissait d'éduquer un homme bon par nature en l'émancipant des contraintes mauvaises de l'aliénation. L'essentiel de la tâche réside dans l'amélioration des infrastructures : « Mener des politiques publiques en faveur de la ville vivable pour stimuler les sentiments d'appartenance à la communauté, créer de nouveaux emplois de proximité, sécuriser les quartiers d'habitation. La sécurité dans les rues est un droit essentiel. » La social-démocratie doit enfin lutter contre la précarité de ceux qui ne peuvent travailler : « La précarité demeure une préoccupation centrale, surtout lorsqu'elle atteint des familles avec enfant(s). »

En Espagne, le PSOE, qui vient de remporter par surprise les dernières élections après le drame du 11 mars 2004 à Madrid, s'est aligné sur les mêmes concepts de la « troisième voie ». Son programme, inspiré du « patriotisme constitutionnel » de Jürgen Habermas et du « républicanisme » de l'Australien Philipp Petit, est davantage tiré vers les enjeux de sécurité civile que de sécurité sociale. On y trouve quelques réflexions sur les mœurs, le souci d'améliorer le salaire minimum et de réduire la fiscalité sur les plus pauvres. Rien de plus.

Au total, cette nouvelle version de la social-démocratie, partagée à gauche par la quasi-totalité des partis de gouvernement en Europe, vise donc, pour l'essentiel, à améliorer ou protéger la qualité du temps hors travail des plus faibles, et non plus à prendre le pouvoir dans l'entreprise ni même à y renforcer le pouvoir syndical, encore moins à accorder toute priorité aux dépenses publiques.

L'Internationale socialiste, qui rassemble tous ces partis à travers le monde – beaucoup sont aujourd'hui en pleine expansion, en particulier en Amérique latine –, a ratifié cette logique lors de son dernier congrès réuni à São Paulo en octobre 2003. Après les échecs des uns et des autres, après les errements des dictatures, aucun social-démocrate ne croit plus en une société où tout serait décidé par une instance planificatrice ; nul ne veut non plus en revenir à une appropriation des entreprises par des conseils ouvriers, encore moins à la dictature d'un parti unique. Il n'y a pas d'autre issue, pour les décennies, voire les siècles à venir, pensent-ils, que de gérer démocratiquement et efficacement l'économie de marché en partageant au mieux ses fruits sans en casser la dynamique, c'est-à-dire sans chercher à y modifier les rapports de pouvoir. Les seules réformes possibles sont donc des adaptations à la marge destinées à compenser les effets du marché sans en briser le ressort, à organiser la démocratie sans brider la concurrence. Les principales mesures prônées dans chaque pays portent sur une meilleure redistribution des revenus aux plus démunis, une amélioration des droits au travail et des équipements collectifs, un élargissement des droits des minorités. Bref, une protection du temps des plus faibles et un renforcement des mesures visant à améliorer le cadre de vie.

Pour l'Internationale socialiste, la politique extérieure se résume à aider les autres pays à être mieux à même d'appliquer chez eux les principes de la social-démocratie de marché, à mettre en place et diffuser sur chaque continent et à l'échelle du monde les moyens du marché et de la démocratie, à corriger les effets négatifs de la globalisation sur les populations les plus déshéritées et sur l'environnement, à rationaliser les institutions internationales pour réguler le marché sans recourir aux contraintes de la loi.

Mais cette acceptation des règles de la démocratie de marché conduit parfois les partis sociaux-démocrates du Nord à remettre en cause leur solidarité avec les pays du Sud : ainsi, alors qu'ils ont soutenu, à une époque récente, toutes les luttes contre les puissances coloniales, ils s'inquiètent dorénavant de la menace que la montée économique de certains de ces pays émancipés représente pour leurs propres clientèles électorales. D'où la revendication d'une égalisation des conditions sociales visant certes à protéger les travailleurs du Sud contre les excès, voire l'esclavagisme de leurs employeurs, mais aussi à prémunir les travailleurs du Nord d'une concurrence jugée déloyale.

Il y a là assurément de bonnes pistes permettant à la social-démocratie de marché d'œuvrer pour un monde meilleur, mais rien de tout cela n'est à la hauteur des enjeux à venir : cette doctrine ne pourra, à elle seule, maîtriser l'avènement de la société de marché ni empêcher sa transformation en société de marchandises. Même si elle pouvait être mise en œuvre sur l'ensemble de la planète et généraliser le droit social du Nord, elle ne pourrait, par ses seuls efforts, empêcher la marchandisation du monde ni mettre fin aux guerres contre les totalitarismes éthiques, fruits de la misère et de l'amoralisme. Si le droit social ne vise qu'à permettre à la classe moyenne de travailler moins et de consommer plus, il ne suffira pas à enrayer la déshumanisation du monde. Si la social-démocratie de marché ne propose qu'une gestion douce de la société libérale et se borne à protéger tant bien que mal les plus faibles contre la précarité, elle ne remettra pas en cause la nature même de la société qui la produit. Elle sera, en fin de compte, l'un des acteurs responsables d'un chaos illimité.

En France, même si elle refuse de porter ce nom, la social-démocratie de marché n'est pas moins maladroite qu'ailleurs.

La social-démocratie de marché en France

En apparence – en apparence seulement –, les socialistes français n'ont pas connu la même évolution que leurs homologues sociaux-démocrates. D'abord, presque seuls en Europe, ils restent attachés à ce nom si décrié, si discrédité de « socialisme » qui renvoie encore, pour certains, aux goulags d'Europe, d'Asie ou d'ailleurs. Ensuite, ils continuent de proclamer que leur projet à eux ne se résume pas à une gestion sociale du marché ni à une protection uniforme du temps ; ils persistent à soutenir que, pour défendre la solidarité et l'intérêt général, l'État doit utiliser tous les outils possibles, même s'il faut, à cette fin, exclure de la concurrence des pans entiers de l'industrie, ou augmenter sensiblement les impôts. Enfin, à la différence de presque tous les autres partis de la gauche démocratique à travers le monde, ils n'ont jamais fait leur deuil de l'utopie. Incorrigibles rêveurs, ils demeurent attachés à l'idée qu'il peut exister une société idéale, parfaite, qu'il conviendrait de mettre en œuvre. Ils restent fidèles à la tradition inaugurée par l'abbé Mably, Babeuf, Saint-Simon, Fourier et Proudhon, dont se moquaient déjà Marx et Engels en 1848 dans leur *Manifeste du Parti communiste* : « Pour eux, l'avenir du monde se résout dans la propagande et la mise en pratique de leurs projets de société. »

Les socialistes français restent aussi les héritiers de Jaurès, pour qui le socialisme est un substitut à la religion parce que celle-ci n'a pas réussi à remplir sa mission : créer un lien entre les hommes, leur permettre de vivre en communauté de façon libre et juste. Le socialisme est ainsi pour lui tout à la fois l'héritier du prophétisme juif, du rationalisme grec et de l'idéologie des Lumières.

Pourtant, pour qui regarde l'histoire des faits et non pas seulement celle des mots, le ralliement des socialistes français à la social-démocratie de marché n'en est pas moins une évidence ancienne.

Dès 1920, la Section française de l'Internationale ouvrière (SFIO), plus attachée à faire aujourd'hui qu'à promettre pour demain, moins attirée par la révolution que par la démocratie, renonça à la doctrine de la dictature du prolétariat et au modèle soviétique que reprit à son compte, après la scission de Tours, le nouveau parti communiste. Seize ans plus tard, les socialistes acceptèrent d'aller exercer le pouvoir pour changer concrètement la condition ouvrière sans mettre pour autant en œuvre une révolution politique, économique, sociale. Mais comme, en France, les mots comptent parfois plus que les actes, les camarades et héritiers de Léon Blum eurent beaucoup de mal à assumer ouvertement cette évolution ; pendant longtemps, être « socialiste » fut une étiquette et une pratique réputées un peu honteuses, revenant à se dire de gauche sans être communiste, à reconnaître que la liberté est plus importante que l'égalité, que la démocratie peut passer avant le socialisme, à accepter de vivre dans la société telle qu'elle est et à se contenter de chercher à la changer à la marge.

Après la guerre et les pleins pouvoirs votés au maréchal Pétain par beaucoup de ces mêmes élus qui avaient porté Léon Blum à l'hôtel Matignon, les premiers gouvernements organisèrent la reconstruction de la France sur la base de l'économie mixte, rassemblant toutes les forces du pays autour d'un programme composé, comme en Grande-Bretagne, de nationalisations et de protection sociale. Les socialistes y furent vite traités de « social-traîtres » par les communistes ralliés au stalinisme ; et rares furent ceux qui osèrent affronter la cohésion de fer du parti de Maurice Thorez et de Jacques Duclos avec la force de leur seul pragmatisme. Dans un célèbre discours prononcé le 29 août 1946 devant le 38ᵉ congrès de son parti, la SFIO, Léon Blum (qui s'apprêtait à prendre la direction du dernier des gouvernements provisoires antérieurs à la proclamation de la Quatrième République) déclara avec justesse à ses amis socialistes : « Je crois que, dans son ensemble, notre parti a peur. Il a peur des communistes. Il a peur du qu'en-dira-t-on communiste… La polémique communiste, le dénigrement communiste agissent sur vous, vous gagnent à votre insu, et vous désagrègent. » La prévision du vieux chef, épuisé par la guerre, les camps et ses ultimes batailles, se révéla exacte : le Parti socialiste, qui avait pourtant, au sortir de la Résistance, toutes les cartes en main pour imposer sa vision du monde, persista pendant vingt-cinq ans dans un discours extrême et une pratique modérée, parlant encore de dictature du prolétariat tout en négociant le traité de Rome avec les partis démocrates-chrétiens de nos voisins européens.

Cela dura jusqu'à ce que, au début des années 1970, François Mitterrand et ses compagnons osent ne plus avoir peur de leurs partenaires de gauche. Ils construisirent alors une stratégie politique, une doctrine et un programme à partir d'une analyse approfondie de la société française et des rapports de force à l'intérieur de la gauche.

En acceptant sans réserve la primauté de la démocratie et de la construction européenne, ils réussirent à se donner les moyens de dominer les communistes : d'abord intellectuellement (en proposant leur propre modèle de société), puis politiquement (en les associant à l'exercice du pouvoir à partir de 1981).

Pour la première fois en France, ils imposèrent alors, autrement que par la grève, des réformes voulues tant par ce qu'il restait de la classe ouvrière que par de larges pans des classes moyennes. Ces réformes, remarquablement conduites par les gouvernements de Pierre Mauroy et de Laurent Fabius, sont aujourd'hui pour la plupart unanimement acceptées : ainsi de l'abolition de la peine de mort, de la réforme du droit du travail, de l'amélioration du statut des personnes âgées et handicapées, de la multiplication des radios et des télévisions, de la décentralisation et de la libéralisation des mœurs.

Ils ont aussi, à ce moment, sauvé de la faillite, par leur nationalisation, de très grandes entreprises auxquelles aucun capitaliste, aucun épargnant privé, aucun marché financier n'était capable de fournir les moyens dont elles avaient besoin pour investir et résister à la concurrence. Ces nationalisations constituèrent même un tel succès que les entreprises nationalisées en 1981 furent *toutes*, quand la droite décida de les privatiser, revendues à un prix supérieur à celui qu'elles valaient au moment de leur nationalisation.

Puis vint ce qu'on a appelé à tort le « tournant de 1983 », qui ne fit que confirmer un ralliement très ancien aux pratiques de la social-démocratie d'Europe du Nord, en donnant l'occasion au président de la République de formuler ses arbitrages : privilégier la construction de l'Europe sur un parcours national solitaire ; favoriser la lutte contre l'inflation et le déficit extérieur, fût-ce au détriment de l'emploi ; donner priorité à l'efficacité économique sur l'accroissement illimité des impôts ; choisir la démocratie contre le léninisme. Tout cela sans renoncer à aucune des réformes de structure lancées en 1981.

La gauche française découvrait ainsi qu'il était plus facile de réduire l'inflation que le chômage, de s'inscrire dans la mondialisation que d'en finir avec la pauvreté, d'augmenter la compétitivité des entreprises que d'empêcher l'exclusion sociale.

Depuis lors, les socialistes ont cessé de dire qu'il était possible à la fois de construire le socialisme en France – sans d'ailleurs très bien le définir – et de faire l'Union en Europe. Ils ont appris à se contenter d'organiser la transition vers la modernité marchande tout en l'accompagnant d'avancées sociales importantes, financées pour l'essentiel par une hausse des impôts sur les classes moyennes et par une aggravation de la précarité de la classe ouvrière. Mais, faute d'avoir pu ou su expliquer à temps ces choix à leurs électeurs, et d'avoir su montrer qu'ils restaient différents de la droite, ils perdirent peu à peu de leur crédibilité ; il fallut la confiance encore presque intacte des ouvriers en la personne de François Mitterrand pour que celui-ci soit réélu à l'Élysée et que soit accordée à la gauche une seconde chance. Elle ne sut pas la saisir : pour que les socialistes français retrouvent alors leur raison d'être, il aurait fallu un tout autre souffle, un tout autre courage, une tout autre vitesse d'exécution, une autre vision de l'avenir, un projet global. Ils préférèrent s'en tenir à une gestion prudente, sous prétexte de préparer les réformes nécessaires par des négociations approfondies, figeant le pays dans l'attente, interdisant toute évolution du secteur public « gelé » dans un funeste « ni-ni ».

Depuis lors, la persistance de la pauvreté et du chômage a achevé d'éloigner du Parti socialiste la classe ouvrière, les plus pauvres et les plus jeunes. La montée de la précarité et les coupes budgétaires ont remis en cause l'adhésion jusque-là sans faille que lui vouaient de larges pans des classes moyennes, dont les enseignants. Au début des années 1990, l'entrée à gauche de nouvelles générations s'est faite sans le Parti socialiste, désemparé par le retrait de Jacques Delors (1995). Il a fallu l'extraordinaire maladresse d'un gouvernement de droite pour renvoyer au pouvoir, en 1997, une gauche éberluée.

Une nouvelle majorité, dite « plurielle », s'installa alors, composée de trois partis aux projets très différents : le premier, le PS, prônait un capitalisme tempéré par la solidarité ; le deuxième, le PC, parlait encore de partage absolu ; le troisième, les Verts, rêvait d'un monde économe en énergie et respectueux du vivant. L'un était pour l'essentiel un parti d'élus, l'autre une phalange de militants du travail, le dernier un regroupement de représentants d'associations de toutes sortes. Le Parti socialiste n'était plus que la principale composante d'une gauche émiettée dont s'éloignaient peu à peu les électeurs, de plus en plus tentés par l'abstention ou par des formations extrêmes, extérieures à cette alliance de gouvernement.

Malgré leurs bons résultats en matière de croissance et d'emploi, les socialistes comprirent trop tard que le danger ne venait pour eux ni de la droite ni de leurs alliés, mais de ceux de leurs électeurs qu'ils avaient déçus parce qu'ils n'avaient pas su s'en faire comprendre. Pourtant, dès le 19 novembre 1999, Lionel Jospin paraissait conscient de cette menace : « La nouvelle alliance socialiste doit parvenir à réconcilier la défense des "laissés-pour-compte" et celle des classes moyennes. » Mais l'essentiel de ce même discours semblait tourner autour des besoins des seules classes moyennes : « Une partie d'entre elles comprend que l'ultra-libéralisme économique les menace. Celle-ci n'est donc pas automatiquement gagnée à la droite. D'abord pour des raisons liées à son mode de vie et aux mœurs, la gauche lui apparaissant comme plus moderne. Mais aussi parce que la précarité peut toucher les cadres qui approuvent le thème de la régulation. De même, les créateurs ou les dirigeants de PME se rendent compte que la gauche résout des problèmes que la droite ne savait pas traiter. »

Tout en s'opposant explicitement à la « société de marché » (« car si le marché produit des richesses, il ne produit en soi ni solidarité, ni valeurs, ni projet, ni sens ») et en affirmant : « Nous ne sommes donc pas des "libéraux de gauche" », Lionel Jospin se rallie en fait au projet des autres partis de l'Internationale socialiste. Il écrit en effet : « L'économie de marché est la façon la plus efficace – à condition qu'elle soit régulée – d'allouer les ressources, de stimuler l'initiative, de récompenser le travail. » Il va même jusqu'à reconnaître explicitement que son projet est celui d'une « social-démocratie de marché » : « La social-démocratie est une façon de réguler la société et de mettre l'économie de marché au service des hommes. Elle est une inspiration, une façon d'agir, une référence constante à des valeurs démocratiques et sociales. » Renonçant *de facto* à tout ce qui pourrait le distinguer des autres sociaux-démocrates, il accepte en particulier de limiter le secteur public aux « secteurs touchant soit à la sécurité nationale, soit à la nécessité de servir par le service public des objectifs ne pouvant être pris en compte par le marché ». Lionel Jospin va même (lui qui avait proposé à François Mitterrand de s'en tenir durant son second septennat au *statu quo* en la matière) jusqu'à se faire l'avocat de certaines privatisations en expliquant : « La défense de l'intérêt national et la lutte pour l'emploi peuvent justifier des alliances industrielles avec des entreprises privées françaises ou étrangères. Je n'entends pas bloquer ces alliances au nom de l'appropriation collective des moyens de production. »

Au total, les réformes considérables engagées par son gouvernement, notamment en matière de droit du travail, appréciées de presque tout l'éventail des salariés, cadres y compris, ne suffirent pas à lui attirer, à l'élection présidentielle, les suffrages des classes populaires ; l'absence de projet cohérent, en particulier pour lutter contre la précarité, et la désaffection du corps enseignant achevèrent d'éloigner de lui la majorité de l'électorat de gauche.

Le 21 avril 2002, le leader socialiste se trouva de la sorte confronté à des candidats de diversion, à un Parti communiste en déshérence, à une classe moyenne déçue, à la rage d'un électorat populaire qui ne voyait plus en lui qu'un représentant parmi d'autres des groupes dominants et pour qui résonnait encore profondément le chant des manifestants de décembre 1995 : « Tout est à nous ! Rien n'est à eux ! »

Depuis ce désastre, le Parti socialiste a remporté triomphalement les élections régionales de 2004 parce que la droite a échoué au gouvernement. Mais il n'a progressé ni dans sa pratique (il reste un parti de notables, un bureau de sélection des candidats), ni dans son organisation (il compte moins de

100 000 adhérents, contre 650 000 au SPD allemand, 3,5 millions au Labour, 400 000 au parti social-démocrate suédois), ni dans son programme, ni dans sa réflexion sur les alliances.

Pourtant, par leur diversité, leur culture, leur dévouement, leur sens de l'intérêt général, les militants et les cadres de ce parti représentent une richesse humaine considérable et une belle promesse d'avenir. Mais leurs dirigeants restent aujourd'hui, pour la plupart, coincés entre un réalisme sans imagination et une utopie irresponsable. Aussi leurs porte-parole, sauf rares exceptions, préfèrent-ils ne pas choisir, ne s'opposer à rien à gauche et rejeter tout à droite.

Ils n'ont toujours pas procédé à une analyse historique approfondie de la fin du modèle communiste. Ils ne mènent aucune réflexion sérieuse sur les raisons qui les ont conduits à se résigner à l'abandon des nationalisations. Eux qui ont été de tous les combats européens, ils sont divisés et ambigus sur l'avenir du continent. Alors qu'ils ont longtemps soutenu la lutte des pays du Sud contre les puissances coloniales, ils s'inquiètent désormais, comme les autres, des conséquences sur l'emploi de la concurrence venue de certains de ces pays. Par ailleurs, ils voient avec embarras la droite mettre en œuvre certaines réformes que le gouvernement de Lionel Jospin préparait, sans avoir l'audace de les entreprendre, sur bien des sujets tels que les retraites, la privatisation d'EDF, l'impôt sur la fortune, l'impôt sur le revenu, la subvention à l'emploi. Ils ne font rien pour mettre en place, dans bien des villes qu'ils gèrent et des régions qu'ils viennent de gagner, des structures pour limiter le scandale de l'extrême pauvreté des femmes seules, celui des enfants victimes de la malnutrition et de l'illettrisme, la détresse des sans-abri. Ils ne savent pas arbitrer entre les leçons tirées de leur passage au gouvernement et les envolées lyriques propres à toute opposition, entre une ligne responsable qui ouvrirait un boulevard aux démagogues et une ligne radicale qui éloignerait d'eux la classe moyenne. Quoi qu'ils fassent et disent, ils se perdent. Ils sont, comme on dit au jeu d'échecs, *pat*.

À côté d'eux, le Parti communiste ne retrouve pas non plus ses marques (mais pourra-t-il jamais les retrouver après les horreurs qu'il a jadis couvertes ?) et les écologistes s'enlisent dans de pathétiques querelles intestines, même si les uns comme les autres rassemblent des militants compétents et dévoués dont les appareils ne savent pas utiliser les potentialités.

Enfin, l'extrême gauche récupère une fraction des forces militantes et des thèses de l'ancien Parti communiste : elle propose d'en finir avec le capitalisme (appelé désormais « libéralisme ») ; elle dénonce un bouc émissaire, le marché (et non plus les « monopoles ») ; elle s'oppose à la mondialisation (que le PC nommait hier l'« impérialisme »). Comme le PC, elle prône l'expropriation des riches et dénonce la démocratie parlementaire qui laisse le marché prendre les décisions les plus vitales. Enfin, comme le PC, elle pense que le Parti socialiste, dans les faits, est un allié naturel de la droite.

À la différence du PC, pourtant, l'extrême gauche continue de rêver à une société sans patrons, ne se reconnaît aucun modèle – pas même le Brésil de Lula – et se refuse absolument à entrer dans une alliance de gouvernement avec les autres partis de gauche. Elle tente d'attirer les plus pauvres par un programme on ne peut plus irréaliste : interdire tout licenciement ; empêcher toute délocalisation ; répartir tous les profits entre les salariés ; régulariser tous les sans-papiers.

À la différence encore du PC, l'extrême gauche ne forme pas un bloc homogène : si les partis trotskistes restent marxistes-léninistes (même si la LCR a, le 2 novembre 2003, abandonné la dictature du prolétariat), d'autres, les « mouvementistes », partagent avec le PS l'objectif vague d'une « autre » mondialisation et dialoguent avec lui.

Certains socialistes acceptent aujourd'hui de s'opposer explicitement à l'extrême gauche et défendent leur ralliement à la social-démocratie de marché en vigueur partout ailleurs en Europe. Parmi eux, Michel Rocard – qui, sur ce point, n'est pas critiqué par ses camarades – soutient, comme les autres sociaux-démocrates européens, qu'il convient d'accorder priorité à la mobilité sociale sur les emplois garantis, et aux infrastructures sur la redistribution ; il plaide pour

« un "État-providence" moderne, privilégiant les investissements sociaux (éducation, formation continue, santé…) et permettant ainsi peu à peu de réintégrer les exclus et de résorber la société d'assistance »… « Qu'est-ce que la social-démocratie ? La vision d'une société meilleure demain qu'aujourd'hui, dans une économie de marché, avec un haut niveau de protection sociale et une bonne qualité de services publics, le tout dans un respect irréprochable des droits de l'homme. »

Sur plusieurs points, ces socialistes-là, les réformistes, se savent plus proches de la droite libérale que des extrêmes gauches. Ils partagent avec les libéraux un même refus de la révolution, le respect des institutions, l'exigence du possible, le sens de l'ordre. Michel Rocard ajoute même : « Il est vrai qu'une certaine droite citoyenne, un peu sociale, pourrait jouer ce jeu, apporter en tout cas des corrections au modèle américain. »

À l'inverse, d'autres, parmi les socialistes actuels, retrouvent leurs réflexes d'avant François Mitterrand et commettent la même erreur que leurs prédécesseurs de l'immédiat après-guerre : adopter un vocabulaire d'extrême gauche tout en gardant une pratique modérée au Parlement et dans les collectivités locales. Ils pensent que toute accusation de « collusion avec la droite » est ravageuse, qu'il leur faut « coller » aux extrêmes et subir en souriant leurs griefs et leurs sarcasmes en matière de morale, de politique économique, d'écologie. Devant pareille attitude, l'analyse de Léon Blum retrouve toute son actualité : il suffit de remplacer le mot « communiste » par « extrême gauche ».

Ainsi, parmi les socialistes français coexistent des réformistes et des radicaux. Les premiers acceptent la victoire du marché tout en cherchant à s'en prémunir par des mécanismes de protection sociale et d'intégration. Les seconds refusent le règne des marchés et tout ce qui, disent-ils, va avec, en particulier l'Europe. Les premiers apparaissent aux yeux des seconds comme des supplétifs de l'ordre établi ; les seconds ne sont pour les premiers que des gogos manipulés. Les uns et les autres cohabitent au sein du même parti. Parfois, au pays des amoureux du double langage, les deux modèles coexistent chez un même individu.

Ceux qui, parmi les réformistes, travaillent aujourd'hui à repenser la doctrine social-démocrate ne font le plus souvent, hélas, que remuer de vieilles idées visant à mieux répartir les richesses. Ils limitent l'idéal socialiste à l'émancipation des plus pauvres, à un meilleur partage des revenus, à la mobilité sociale et à l'égalité des chances – vieille utopie de la société libérale américaine –, tout en proposant par exemple de mettre en place contre le chômage une « sécurité sociale professionnelle » : expression maladroite, fausse bonne idée revenant à considérer le chômage comme une maladie. Ne voyant rien venir du désastre qu'entraînera la marchandisation du monde, ils bornent leur projet à assurer à tous un égal accès à ses bienfaits.

Quant aux radicaux, ils rêvent, nostalgiques, aux temps heureux des nationalisations et des dépenses publiques, espérant qu'un échec du projet européen leur redonne de l'actualité.

Pourtant, dans et à côté de ce parti, dans et à côté de la gauche de gouvernement, nombreux sont ceux qui réfléchissent et élaborent des éléments d'une autre doctrine, plus audacieuse et inventive, intégrant les nécessités d'une autre vision du monde. Clubs, cercles, revues, débats sont autant de symptômes d'une forte demande d'autre chose, ainsi que d'une inquiétude réelle à proximité de l'abîme.

Cela ne se traduit pas encore en termes politiques. Personne ne formule un véritable corps de doctrine face aux enjeux de la société de marchandises et aux menaces des totalitarismes éthiques. Droite et gauche se croisent et se mêlent selon les sujets et les nécessités tactiques.

Les conséquences d'une telle confusion seront aussi désastreuses demain qu'elles l'ont été hier : si le Parti socialiste n'est plus demain considéré, même par ses sympathisants, comme une force de propositions crédible, si nul ne le perçoit plus comme un ferment de révolte ni comme un laboratoire de novations, s'il persiste à incarner une gauche maladroite, il s'aliénera en 2007 les électeurs modérés sans attirer aucun de ceux qui rêvent d'une vie meilleure. Et ce sera pis encore qu'au temps du conflit avec les communistes : car Lutte ouvrière comme la Ligue communiste ne cherchent en rien à participer à un pouvoir d'État aux côtés des socialistes, et ne sont même pas tenues à une quelconque cohérence de pensée, comme celle qui conférait au moins aux idées et programmes communistes une sorte de vraisemblance pathétique.

Si c'est ce paysage politique-là qui s'installe, on verra un jour s'organiser en France deux coalitions. La première rassemblera celles des extrêmes gauches qui sont antimondialistes, une fraction de la gauche souverainiste, une large partie de la droite nationale, une portion de la droite gaulliste ; elle voudra défendre l'identité nationale contre les assauts du monde extérieur par des mesures sécuritaires et une bunkérisation de fait. La seconde réunira écologistes, sociaux-démocrates et libéraux ; elle voudra voir dans l'Europe l'avenir de la France, et dans le monde son terrain d'aventures.

Ces deux blocs sont encore loin d'être cristallisés, et il faudra sans doute une bonne décennie avant que ne se creuse ce nouveau clivage autour de la question de l'insertion de la France dans le monde. C'est pourtant dès aujourd'hui que la question se pose, et d'aucuns, tel Daniel Cohn-Bendit, proposent déjà d'organiser de tels regroupements au sein du Parlement européen.

S'ils ne veulent pas disparaître corps et âme et laisser les extrêmes en tête à tête avec un unique parti de gouvernement qu'il leur faudra alors former ou rejoindre, les socialistes ne doivent pas se contenter de rejeter les analyses simplistes des extrêmes ni de les dénoncer comme contraires aux intérêts de ceux qu'ils aspirent à représenter. Ils ne doivent pas non plus se borner à s'unir à contrecœur avec la droite, quand c'est nécessaire, contre les dérives de l'extrême gauche, les menaces de l'extrême droite ou celles du terrorisme. Ils doivent reprendre à leur compte ce qui, dans le discours de l'extrême gauche, dans celui des écologistes et dans celui de certains libéraux, ouvre de nouvelles pistes sur la maîtrise de la mondialisation, la lutte contre la précarité, la résistance aux dévoiements de la société de marchandises.

Ils doivent enfin proposer un projet d'ensemble faisant du « bon temps pour tous » le cœur de l'avenir, et du rassemblement du continent l'embryon d'un monde ordonné, équitable et pacifié. Ils doivent inventer à cette fin une nouvelle façon d'être de gauche, et utiliser là encore quelques nouveaux concepts négligés par le vocabulaire politique.

La voie humaine

La politique est encore à la fois nécessaire et possible. Même si les doctrines économiques et sociales doivent être, on le verra, totalement repensées, la mondialisation n'interdit pas à un pays de choisir à sa guise, dans le respect des grands équilibres comptables et des principes de liberté, une attitude face au risque, la part de son revenu consacrée aux services publics, le mode d'organisation de ses entreprises, son système institutionnel et les normes de son droit pénal, les modalités d'exercice de la liberté de la presse et des médias, le degré de solidarité entre ses habitants, l'orientation de ses alliances. Il y a donc encore place pour des droites et des gauches.

Mais, aujourd'hui, on ne peut plus les distinguer par leur attitude à l'égard de la propriété des moyens de production, ni par leur attitude à l'égard de l'État, ni par leur politique économique. C'est d'ailleurs pourquoi les travaux des théoriciens anglais, allemands et américains sur le sujet butent tous sur cette question : qu'est-ce qui peut encore différencier les droites des gauches ? Certains avancent comme critère la gestion de la ville, d'autres l'équité, d'autres encore la communauté. Pour moi, la vraie différence réside dans leur attitude à l'égard du temps.

Le sens du temps

Le *temps* est le bien le plus rare parce que c'est le seul qu'on ne puisse ni produire, ni donner, ni échanger, ni vendre. On ne peut que le partager, l'habiter seul ou ensemble, y vivre. Il a d'autant plus de valeur qu'il est employé de façon créative, libre, utile, valorisante ou fraternelle. Le « bon temps » est celui qui a du sens ; le « mauvais », celui qui n'est pas employé librement. Le bon temps enrichit le monde. Le mauvais le dégrade. Le bon temps court vers la vie ; le mauvais accélère la mort.

La mission principale de la politique est d'aider chaque membre d'une communauté à faire le meilleur usage du temps dont il dispose sur cette planète. De permettre à chacun, au sens propre du mot, de « prendre du bon temps », c'est-à-dire d'avoir du temps devant soi, de vivre longtemps et jeune (et non pas, comme on le dit bêtement, de « vivre vieux »), et de permettre aux générations suivantes de prendre à leur tour du bon temps, de créer, d'occuper pleinement chaque minute de leur vie. Cela ne veut pas dire que les citoyens doivent accepter que la politique s'occupe de leur temps privé : ils n'en ont aucune envie ; elle doit seulement leur donner le plus de moyens possible de l'utiliser à leur guise.

Le temps qu'il s'agit de valoriser n'est plus le même que celui du début du siècle. Ce qui compte n'est pas seulement la quantité de temps libre, mais sa qualité ; la durée du travail n'est plus la variable principale de l'évolution du bien-être – du moins en Europe, où presque plus personne ne peut dire que le travail constitue encore, de par sa durée même, son aliénation principale. Il ne s'agit donc plus en premier lieu de réduire la durée du temps contraint au travail, mais de modifier la nature du travail, de faire évoluer les qualifications, d'étendre les responsabilités et d'améliorer aussi la qualité du temps passé hors du travail : durée et conditions des transports, temps domestique, temps de formation, de soins, de culture, de distraction, de bonheur personnel, de responsabilité, de création, d'intelligence.

Ce « bon temps » existe déjà, mais il est marginal. Quelques privilégiés en disposent en quantité. Beaucoup n'en jouissent qu'à l'état de miettes. Il peut paraître très illusoire d'imaginer qu'il puisse s'étendre, cesser d'être rare. Mais, tout comme le capitalisme est demeuré longtemps marginal, minoritaire, quasi clandestin et fragile, dans les interstices de la société féodale, et comme la démocratie resta pendant des siècles un privilège réservé à quelques îlots de la planète, le « bon temps » peut espérer un jour se substituer au temps contraint.

Il est encore possible de choisir entre diverses formes de « bon temps », de ne pas se plier aux contraintes de la société mondiale de marché qui le réduit à celui de la consommation, de permettre à chacun de choisir un sens du temps sans avoir pour autant à remettre en cause la démocratie de marché. Tel est le nouvel enjeu du politique.

La droite de marché : le temps marchand

En libérant de plus en plus les individus de toute attache et en accouchant d'une précarité généralisée, la mondialisation pousse chacun à faire un usage égoïste du temps. Elle apprend ensuite à chacun à se défendre contre l'envahissement de son temps par les autres et n'incite personne à prendre le temps de s'occuper d'autrui.

Dans la société de marché, l'objectif majeur de la droite libérale, droite de marché, est donc d'alléger les contraintes qui pèsent sur l'usage privatif du temps, de réduire le temps nécessaire à la production des choses, de laisser à chacun la liberté de se procurer du « bon temps » pour lui-même sur le marché sans avoir à intervenir dans celui des autres ni à partager le sien avec personne. Son programme est d'assurer à chacun une protection contre les agressions émanant des autres, et d'affirmer sa confiance dans l'initiative individuelle pour orienter le « bon temps » vers la consommation de biens marchands. La droite libérale proclame donc que chacun peut investir librement son temps en argent, en loisirs ou en distractions ; que la formation est un investissement privé dont chacun doit assumer la charge en vue d'obtenir un emploi ; que la santé doit elle aussi se mériter par les efforts déployés pour la financer ; que la gratuité est un concept ennemi de la société.

La société américaine fournit un modèle de ce que les droites de marché vont proposer bientôt au monde entier : consommer, travailler, distraire, réserver l'accès au savoir et à la santé à ceux qui peuvent en assumer la charge, investir massivement dans l'usage privé du temps consacré à la distraction, à la santé, à l'éducation.

Les droites de marché se donneront donc pour ambition d'accroître les moyens permettant à chacun de faire un usage marchand du temps : renforcer police et justice ; lutter contre toutes les formes de gratuité ; accélérer la décentralisation ; privatiser les ultimes bastilles du service public, en particulier dans les domaines de l'énergie et des télécommunications, en ne conservant que celles qui servent à maintenir et garantir la propriété ainsi que la sûreté des biens, des idées, des brevets et des personnes ; réduire massivement l'impôt sur le revenu en lui substituant une hausse équivalente des impôts indirects ; favoriser le soutien aux créateurs d'entreprises au détriment de l'assistance aux inactifs ; inciter chacun à financer ses propres études supérieures et sa formation permanente ; favoriser l'insertion individuelle des meilleurs éléments des minorités en réduisant les programmes d'ensemble dévolus aux communautés d'origine étrangère ; permettre à chacun de compléter à sa guise sa retraite en souscrivant à des fonds de pension ; souscrire à la libéralisation des mœurs dans la stricte mesure où elle accompagne et favorise l'usage marchand du temps.

Si l'on pousse à bout la logique du marché, il faudra payer les gens pour les convaincre d'avoir des enfants, les orienter vers un usage maximal des prothèses, diminuer le plus possible le temps de travail pour réduire les coûts de production, augmenter le plus possible le temps libre pour empiler les objets de consommation. La seule limite sera le temps : on aura tant d'objets que nul n'aura d'ailleurs plus le temps de les consommer vraiment ; on finira par posséder plus de vidéodisques qu'on ne pourra jamais en voir ; on accumulera d'illusoires réserves de culture et de loisirs comme pour conjurer la peur de mourir.

Pour réaliser pareil grand projet, encore faudrait-il que les libéraux soient capables de réduire le fossé qui sépare la droite laïque de la droite chrétienne, la droite atlantiste de la droite souverainiste, la droite fédéraliste de la droite nationaliste. Et qu'ils réussissent à démontrer qu'un tel programme ne conduira pas à une aggravation mortelle de la précarité dont souffrent de plus en plus de gens.

S'ils échouent, le modèle de la droite se crispera, autour de ses extrêmes, sur la seule défense de ce dont le marché a vraiment besoin, l'ordre, réalisant la prophétie de Tocqueville : dans une société de marché, chacun n'aspire qu'à voir régner un état de droit capable de protéger la propriété privée *par tous les moyens*. Pas nécessairement ceux de la démocratie.

L'impasse de la social-démocratie de marché

Face à la droite de marché, la social-démocratie de marché ne prétend pas s'attaquer aux mécanismes qui conduisent à la précarisation générale des gens et des choses. Elle ne pourra donc empêcher l'avènement de la société de marché ni sa transformation en société de marchandises. Et même si ses instruments pouvaient être transposés à l'échelle de la planète, ils ne pourraient empêcher la marchandisation du monde : quelques règles de droit ne sauraient résister à la force marchande de milliards de producteurs et de consommateurs, surtout pas à celle des très grandes firmes planétaires. La social-démocratie ne réussirait pas davantage à rendre la loi du marché supportable à la classe moyenne, ni à réduire significativement le nombre des pauvres, ni à rendre leur dignité à tous les laissés-pour-compte. N'exerçant aucune autorité sur le secteur privé, elle ne pourrait pas non plus réduire le désastre écologique qui s'annonce, non plus que les inégalités entre pays. Ni empêcher la privatisation progressive dans chaque pays des services publics comme l'éducation et la santé, puis, progressivement, le remplacement de ces services par des objets produits en série (des prothèses). Non seulement elle ne pourra empêcher cette généralisation de la société de marchandises, mais elle en accélérera l'avènement en donnant à la classe moyenne plus de moyens pour accéder équitablement aux objets marchands ou à leur spectacle. Tout comme Jean Vilar disait, au temps du TNP, que la gauche, pour lui, c'était de « faire partager le beau par le plus grand nombre », la social-démocratie de marché visera à faire partager à la classe moyenne mondiale l'usage d'une « beauté » définie... par d'autres.

La social-démocratie de marché ne vise pas à permettre à chacun de définir son modèle du beau, encore moins à faire de chacun un acteur de sa propre vie. Elle continuera de laisser chacun risquer de devenir un drogué des objets, en situation de manque quand il n'aura plus accès aux produits imposés par le marché – ou à leur spectacle. À chacun elle ne donnera accès ni au savoir, ni à la gratuité, ni à la responsabilité. Ni au bon temps.

Même les anciennes armes des gouvernements de gauche, aujourd'hui abandonnées, ne suffiraient pas à rendre à la social-démocratie les moyens d'influer sur la maîtrise du temps. Aucun changement de propriété des entreprises ne modifierait la nature ni les conséquences de l'économie de marché. Au contraire, l'appropriation collective de l'industrie pourrait en aggraver les gaspillages et conduire – on l'a déjà constaté – à la constitution d'une autre caste de privilégiés. De même, le mouvement social n'aura jamais à lui seul la force de s'opposer à la marchandisation du monde, quelle que soit l'action des organisations altermondialistes. Porto Alegre ne peut presque rien contre Wall Street.

Il ne faut pas renoncer pour autant à transformer la nature des échanges entre les hommes, la place des marchés dans leur existence, leur usage du temps, l'évolution des entreprises, la distribution des revenus, la vie urbaine ou la recherche. Il ne faut pas non plus renoncer à donner aux hommes et aux femmes d'aujourd'hui les moyens d'exercer un meilleur contrôle de leur temps sans rien perdre des acquis de leurs combats antérieurs.

Une nouvelle utopie : la voie humaine

Le but de la politique est de trouver, si elle existe, une nouvelle épaisseur au temps ; et, pour cela, de maîtriser les deux forces qui nourrissent l'humanité et qui, en même temps, la vident de son identité : la marchandise et son auxiliaire actuel, le spectacle.

Cela passe d'abord par une réhabilitation de l'utopie et de la révolution qui peut y conduire. Car une utopie peut être civilisée et une révolution se dérouler démocratiquement. C'est d'ailleurs ce que fait la droite libérale quand elle obtient des électeurs le droit d'accélérer l'avènement de la société de marché.

La réflexion sur l'utopie doit partir du travail : si celui-ci n'est accompli que pour le revenu qu'on peut tirer de son produit, le travailleur, même s'il est propriétaire de ses moyens de production, reste aliéné. Aussi, dans l'économie de marché, le travail n'est-il qu'une souffrance compensée par des revenus permettant de se procurer ce qui fait plaisir. La seule façon d'en sortir, pour le salarié, n'est pas de participer au pouvoir de la marchandise en s'appropriant les entreprises, mais de distinguer propriété et pouvoir, pour faire en sorte que son activité devienne source de plaisir ; et même, idéalement, de trouver assez de plaisir dans un travail pour qu'il constitue en soi sa propre rémunération. Le temps de travail peut ainsi devenir temps libre, créatif, responsable. Le reste du temps peut le devenir aussi.

Voici donc l'utopie : faire en sorte que chacun ait accès au *bon temps*, à un *temps* vraiment *plein*, à *la vie devant soi*. Telle est ce que j'appelle la *voie humaine*. Que chacun puisse à tout instant faire un usage maximal des potentialités de sa vie. Nul ne pourra jamais escompter jouir d'une liberté absolue d'usage de son temps ; mais chacun peut avoir la possibilité de choisir son modèle de réussite, d'épanouir ses talents, même ceux qu'il ne se connaît pas ; chacun peut avoir devant soi la *vie*, la sienne propre, et non un écran où est projeté le spectacle de celle des autres, du malheur des humbles et de la félicité des étoiles.

La démocratie de marché est incapable de réaliser une telle utopie, de conduire à la voie humaine. Elle ne conduit qu'à la transformation progressive du temps en marchandise, au « temps marchand » qui ne peut-être, pour tous, le seul « bon temps ».

Pour donner aux hommes un peu plus la maîtrise de leur temps et détourner la démocratie de marché de son évolution vers la société de marchandises, il ne faut éliminer ni marché ni démocratie, mais renforcer la démocratie face au marché et, pour cela, les compléter l'un et l'autre par trois mécanismes plus complexes : l'au-delà du marché n'est pas la propriété collective des biens de production, mais la *gratuité* ; l'au-delà de la démocratie n'est pas la dictature de quelques-uns sur tous ou de tous sur quelques-uns, mais la *responsabilité* ; l'au-delà du spectacle n'est pas la propagande, mais le *savoir*.

La voie humaine conduit à un monde où les hommes sont responsables, parce que parfaitement informés et libres de choisir entre biens marchands et biens gratuits.

Comme la mise en place du marché et de la démocratie a jusqu'ici été favorisée par les technologies de leur temps, de nouvelles technologies pourraient permettre d'instaurer une société de la *gratuité*, du *savoir* et de la *responsabilité*.

• *La gratuité*. Pour échapper aux pièges de la marchandisation générale de la nature humaine et pour que le travail cesse être aliéné, il faut que des choses et des services échappent aux marchés, cessent d'être échangés contre de la monnaie ; il faut que du travail ne soit plus vendu, mais devienne libre et volontaire, créateur à la fois de richesse et de plaisir pour celui qui l'accomplit comme pour celui qui en bénéficie.

Mais, avant de penser à étendre le champ de la gratuité, il faut d'abord veiller à ce que reste gratuit ce qui l'est aujourd'hui, à savoir les biens dits « d'hospitalité » – services rendus à des amis, repas partagés, fêtes, amour, tendresse, sans autre rémunération que le sens, la relation, l'échange, la considération, la reconnaissance, le respect, la joie, le plaisir trouvé à faire plaisir. Que restent aussi gratuits les services d'hospitalité rendus par des organisations civiques qui reçoivent et utilisent des ressources marchandes. Que s'étende enfin le champ des services rendus gratuitement par des travailleurs rémunérés par une collectivité, que ce soit dans la santé, l'éducation, la souveraineté, la culture, la sécurité ou la justice.

• *Le savoir*. Dans une société de marché, le savoir est orienté vers la production de produits, de spectacles, de services marchands. Il concourt à la généralisation de la société de marchandises. Pour échapper à son emprise, chacun doit avoir les moyens de *l'intelligence de soi*, c'est-à-dire de l'apprentissage, de la curiosité, du savoir en soi, sans autre but que de parvenir à une meilleure intelligence du monde, à une ouverture à toutes les formes de culture, d'art et de création, à la découverte de sa propre originalité.

• *La responsabilité.* Pour renforcer la démocratie face au marché et inviter les citoyens à exercer leurs droits, il faudrait pouvoir remettre en cause le principe de la délégation de pouvoir, la représentation, et aller vers une démocratie directe, permanente, sur mesure, en tous lieux, dans toutes les organisations publiques ou privées où des décisions collectives doivent se prendre ; en y associant tous ceux qui y sont concernés, soit parce qu'ils y habitent, soit parce qu'ils y travaillent, soit parce qu'ils en sont les usagers, soient parce qu'ils seront d'une façon ou d'une autre affectés par leur devenir.

Au-delà de la démocratie de marché, *gratuité, savoir* et *responsabilité* pourraient converger et déboucher sur une *voie humaine* dans une société radicalement nouvelle où chacun, ayant *la vie devant soi* aurait le loisir de choisir sa propre définition du « bon temps », du savoir, de la santé, et de découvrir le modèle de réussite qui lui convient ; où tous ceux qui en auraient le désir participeraient à la valorisation de la collectivité, influant par là sur ce qui détermine son destin.

Dans une telle utopie, on consommerait plus de savoir que d'énergie ; la recherche serait orientée vers des secteurs aujourd'hui négligés, par exemple pour permettre d'apprendre mieux et plus vite ; la société utiliserait de façon plus créative les nouveaux moyens de communication pour mieux employer les ressources naturelles, améliorer l'initiation aux autres cultures, les conditions de l'apprentissage des langues ou des arts.

Une telle société ne serait pas exempte de mal : il y serait toujours possible de trouver plaisir à nuire, à convoiter, à tuer. Le rôle de l'appareil social resterait de prévenir et, si nécessaire, de punir ce genre de comportements.

Une telle société permettrait de donner du sens au monde, face aux totalitarismes éthiques. La voie humaine est la meilleure réponse à ceux qui veulent en finir avec la démocratie. Elle est, on va le voir, l'arme principale contre la misère dont se nourrissent les terrorismes. Elle est la réponse à la peur par le désir.

Du réalisme de l'utopie

Le *bon temps* ne se généralisera pas simplement par l'évolution naturelle de la démocratie de marché, encore moins par une désagrégation naturelle des dictatures éthiques, du spectacle marchand ou de la société de marchandises. Pour que chaque homme ait un jour *la vie devant soi*, pour aller vers la *voie humaine*, il faudra agir, et vite.

Ce débat-là n'est pas nouveau : toute utopie pousse à réfléchir aux moyens de son avènement. Confrontés à des doctrines affirmant qu'il peut exister un monde meilleur, les hommes ont toujours discuté fiévreusement du rôle que peut jouer l'humanité dans son avènement. Ainsi les croyants se divisent-ils entre ceux pour qui l'éternité des âmes dépend de l'action des hommes ici-bas, et ceux pour qui le destin après la mort est déterminé d'avance, quoi que fassent les fidèles, par Dieu Lui-même. Pareillement, ceux qui espéraient en une utopie socialiste se divisaient entre ceux pour qui elle adviendrait naturellement comme l'aboutissement du capitalisme, ceux aux yeux de qui une révolution était nécessaire pour en accélérer la venue, et ceux qui pensaient pouvoir contourner le capitalisme. D'autres encore, surtout en Europe du Nord, ont souhaité, on l'a vu, se contenter de réaliser un peu de l'utopie socialiste à l'intérieur du capitalisme sous l'appellation de social-démocratie.

De fait, aucune conquête de la démocratie face au marché ne s'est faite sans une action volontaire contrecarrant le déséquilibre naturel entre l'une et l'autre. Ce sera de plus en plus vrai.

Il en ira de même pour le *bon temps* : la voie humaine ne s'ouvrira pas sans effort. Le savoir, la responsabilité et la gratuité ne s'imposeront pas d'eux-mêmes. Ils ne seront pas les produits naturels de la globalisation et ne prendront pas naturellement le pas sur la société de marchandises. Au contraire, le marché fera tout pour les réduire.

L'idéologie, la culture et la doctrine s'y opposeront. Beaucoup, dans les partis, les médias ou l'opinion, penseront que ce *bon temps* n'est qu'une idée creuse. Pour eux, avoir *la vie devant soi* ne signifiera rien de concret ; son accomplissement paraîtra d'ailleurs hors d'atteinte, le type d'action nécessaire pour y parvenir – à supposer qu'il soit souhaitable – étant lui-même inaccessible. Ils diront que « les gens » sont trop habitués à être les spectateurs du pouvoir d'autrui, à vivre par procuration, à se contenter d'admirer la réussite des autres, pour souhaiter autre chose que le maintien de leurs avantages acquis ou le renforcement de leur sécurité. Ils soutiendront qu'une trop large répartition du savoir ne ferait que créer du chômage chez des cadres déjà par trop nombreux ; ils expliqueront que donner à tous les moyens d'exercer une responsabilité directe conduirait à une généralisation anarchique du marchandage et du verbiage. Les libéraux affirmeront que la gratuité revient à refuser de savoir ce que coûtent les choses et déboucherait sur une mauvaise allocation des ressources. Les sociaux-démocrates ajouteront que confier une responsabilité à tous aggraverait la dépendance de chacun, et que la gratuité pour tous ne ferait que dégrader le sort des plus pauvres. Les extrêmes gauches concluront qu'il ne s'agit là que d'une utopie de petits bourgeois ignorant les problèmes de fin de mois de la classe ouvrière.

Enfin, beaucoup diront que, dans la troisième guerre mondiale qui commence, l'urgence n'est pas à l'utopie, mais à la survie, au regroupement de toutes les forces face aux totalitarismes éthiques. Et que l'heure n'est pas à plus de démocratie, mais à l'état d'urgence et à la mobilisation générale.

Pour ceux qui, à l'inverse, partageront cette analyse des dangers de la marchandisation du monde, pour ceux qui comprendront l'urgence de la voie humaine contre la guerre en marche, il faudra débattre de la meilleure façon de la mettre en œuvre.

Certains de ceux qui croiront en sa nécessité voudront l'instaurer par le détour de la révolution et de la dictature, transition malheureusement nécessaire, diront-ils, pour se désintoxiquer des délices trompeuses de l'argent, révéler les vertus de la gratuité et permettre d'apprendre à exercer de difficiles responsabilités. On verra – on voit déjà – des gourous faire de l'humanité, de la maîtrise du temps, du sens, de la gratuité, de la fraternité et de l'intelligence de soi le fondement de leurs prêches et la base de leurs fonds de commerce.

D'autres expliqueront – expliquent déjà – que l'incapacité à trouver du sens au temps, à être altruiste ou responsable, est une maladie que des drogues ou des manipulations génétiques pourront guérir, et qu'il sera même possible de concevoir un jour des êtres maîtres d'eux-mêmes, exempts du désir d'accumuler, sans jalousie, heureux du bonheur des autres, programmés pour aimer être justement ce qu'ils sont, dans la logique des doctrines fatalistes de certains totalitarismes éthiques. On inventera peut-être même, plus tard, des prothèses puis des clones, « frères artificiels » permettant de disposer pour soi de réserves d'organes (le bonheur du clone étant d'aider le cloné à vivre).

D'autres encore diront plus simplement qu'il faudra attendre, pour que cela change, que la société de marché conduise au pire, que, comme aux États-Unis aujourd'hui, s'organise un enfermement massif des hyper-pauvres planétaires, et que la montée des terrorismes crée une société intolérable. Ils soutiendront qu'il faut tout attendre d'une hypothétique mondialisation de la dictature, puis de la révolte, puis de la révolution, misant tout sur un « ébranlement des masses » d'ampleur planétaire.

La nouvelle social-démocratie

Pour ceux qui refusent de se fier à cette politique du pire et qui ne veulent pas imposer la démocratie par des méthodes antidémocratiques, une autre stratégie vers la voie humaine est possible. Elle passe par un renforcement de la démocratie face au marché, et par un dépassement de l'un et de l'autre.

Gratuité, savoir, responsabilité, supplément de sens composent ainsi un projet qui commence peu à peu à se faire entendre. On voit surgir en maints endroits, au sein de groupes divers, parmi les travailleurs, les consommateurs, les citoyens, les usagers, une demande de sens, de temps, d'accès au savoir, de responsabilité, de gratuité, d'humanité. De plus en plus de gens trouvent plaisir à rendre service, à donner et à aider. Les associations caritatives et humanitaires se multiplient ; les entreprises cherchent à parer leur action d'une dimension éthique ; le commerce équitable s'organise ; de plus en plus de gens échangent « hors commerce » des films, des chansons, des œuvres de toute nature, du temps.

Pour désigner cette stratégie, on pourrait chercher un nouveau nom. En fin de compte, le « socialisme » est discrédité par toutes les dictatures qui se sont instaurées en son nom. De même, le mot « gauche » recouvre des concepts si vagues – quand il y a concepts ! – qu'il n'est pas adapté. Enfin ce projet, n'étant pas essentiellement économique, ne se réduit pas à un débat sur l'appropriation du capital, censé définir originellement l'opposition entre droite et gauche. On pourrait songer à « troisième voie » (mais où est la deuxième ?), ou à « radicalisme » (vieux mot à l'étymologie oubliée), ou encore à « nouvelle gauche » (déjà si fanée). Certains parlent aussi de « républicanisme » ou de « communautarisme ». J'ai pensé à « hypergauche ». Mais je préfère en définitive la désigner comme « voie humaine », parce qu'elle est un chemin permettant d'échapper à la mort de l'humanité qui organisera à terme le marché ou qui provoquera la terreur. Pour désigner l'action qui y conduit, sans doute vaut-il mieux conserver la belle appellation de « social-démocratie ». Après tout, l'ambition de ses premiers adeptes était aussi de donner à tous les moyens d'être autonomes et d'accomplir leurs potentialités.

Ainsi nommerai-je par la suite « nouvelle social-démocratie » le chemin permettant, dans la liberté, d'accéder à la voie humaine, de réorienter la démocratie représentative et l'économie de marché vers le *bon temps*, un temps qui fasse sens et qui permette de sortir de la société de marché.

Cette nouvelle social-démocratie se distingue de la social-démocratie de marché en ce qu'elle ne se borne pas à proposer à tous un égal accès aux biens marchands et aux services publics, mais vise à étendre le champ de ce qui échappe au marché, à renforcer la responsabilité de chacun et à aider à trouver des formes inédites – autres que marchandes – d'usage du temps.

La première difficulté, pour les dirigeants politiques qui prendront à leur compte ce projet, sera de parler d'une telle ambition à des électeurs qui ne veulent rien d'autre que davantage de ce qu'ils convoitent déjà, à des consommateurs conditionnés par la publicité, à des spectateurs rêvant de rejoindre la pseudo-élite d'un monde factice, à des usagers pressés de se retrouver devant leur télévision. À des gens qui ne veulent pour la plupart que vivre heureux, et non pas vivre libres ; qui rêvent d'avoir plus de choses, et non pas plus de sens.

Pour les convaincre sans les contraindre, les nouveaux sociaux-démocrates devront se révéler capables de faire comprendre que seule la voie humaine permettra de conserver le meilleur du marché et de la démocratie tout en protégeant de leurs dérives, en écartant toutes les sources de violence et en ouvrant à un réel plaisir de vivre pour chacun et pour tous.

Les concepts clés de la nouvelle social-démocratie

Pour décrire la mondialisation et son devenir, il a fallu introduire de nouveaux concepts : société de marché, société de marchandises, bon temps, temps marchand.

Pour décrire la doctrine de la voie humaine et le projet d'une nouvelle social-démocratie, il faut encore introduire d'autres notions. Elles permettront ensuite de définir l'action à mener. Comme la politique ne se réduira pas à la conduite de l'économie ni au maniement des leviers actuels du pouvoir, il convient de mieux cerner les facteurs clés de l'évolution sociale, pour faire surgir les instruments permettant d'agir sur elle.

Les relations, les langues, les réseaux

• Les *relations* sont les usages faits du temps quand deux personnes au moins le partagent. Une relation vise à donner une information sans la perdre ; elle est à la fois un plaisir en soi (celui de ne pas être seul, de se reconnaître dans le regard d'autrui) et un plaisir par ce qu'elle accomplit dans l'échange. Elle n'est limitée que par le temps disponible pour l'entretenir. Elle passe par les mots, mais aussi par de tout autres formes de langage.

• Les *réseaux* constituent les lieux de passage des relations, c'est-à-dire les lieux réels ou virtuels où se partage le temps. Tout être vivant, tout groupement humain (famille, village, ville, nation, entreprise, marché) constitue un réseau. De nouveaux réseaux apparaissent sans cesse : tribus, diasporas, systèmes de communication. On peut appartenir à plusieurs réseaux sans que ce soit signe de déloyauté.

Certains réseaux organisent la coopération de leurs membres ; d'autres, leur compétition.

Dans un *réseau coopératif*, les membres trouvent plaisir non pas seulement à ce qu'ils reçoivent, mais aussi à ce qu'ils donnent et à ce qu'ils échangent. Les membres d'une famille, les habitants d'une ville, les citoyens d'une nation, les musiciens d'un orchestre, les acteurs d'un spectacle, les artisans d'un chantier, les adhérents d'un club, les espions d'un même service, les salariés d'une même entreprise forment des réseaux en principe coopératifs. L'État constitue lui aussi un réseau coopératif et chaque équipement collectif peut de même en former un. Les très grandes entreprises sont des lieux de plus en plus virtuels de rassemblement de salariés ; elles sont de moins en moins hiérarchisées, de plus en plus labyrinthiques, et tendent à devenir des réseaux coopératifs de partenaires nomades.

Les membres d'un réseau coopératif ont intérêt à ce que le plus grand nombre d'entre eux soient en état d'y participer.

La valeur d'un réseau coopératif augmente avec le nombre et la qualité de ses membres.

L'appartenance à un réseau coopératif constitue un élément fondamental du patrimoine social de chaque individu.

Dans un *réseau compétitif*, chacun cherche à obtenir quelque chose qu'il confisquera à l'autre : un bien, un facteur de production, une femme, une place, un emploi, un pouvoir, un privilège, un statut. Les marchés constituent par excellence des exemples de réseau compétitif. Les membres d'un réseau compétitif passent l'essentiel de leur temps à se battre contre les autres membres du même réseau pour le partage de ressources trop rares.

Des réseaux apparemment coopératifs peuvent être en réalité compétitifs : les salariés d'une même entreprise, tout comme ses actionnaires, sont parfois – voire souvent – en compétition les uns avec les autres.

Les réseaux compétitifs peuvent aussi être en partie coopératifs. Sur le marché, par exemple, les producteurs ont intérêt à ce que les consommateurs se portent bien.

Tout membre d'un réseau a également intérêt à ce que le réseau ne soit ni encombré ni saturé, afin de ne pas y perdre de temps.

Les concepteurs de réseaux et ceux qui sauront se réserver des réseaux privilégiés s'arrogeront à l'avenir l'essentiel de la valeur.

La propriété est l'un des modes privilégiés d'organisation des réseaux, l'un des moyens d'appartenance.

• La *langue* est l'élément clé du vivre-ensemble, un des instruments majeurs de fonctionnement de tout réseau. Sans langue commune, sans moyen de communication partagé entre les membres, il ne saurait y avoir d'échanges dans un réseau. Ceux qui parlent une langue ont intérêt à ce que le plus de gens possible la parlent. La langue n'est pas seulement celle des mots : elle peut aussi être celle de la musique, de la danse, des bruits et des gestes, des esprits et des corps.

Les relations, les langues, les réseaux sont des facteurs essentiels dans la maîtrise des temps à venir. À certains égards, on verra qu'on peut même comparer leur rôle dans la société future à celui que Marx attribuait aux classes sociales.

Les biens essentiels

Les biens essentiels sont l'ensemble des biens nécessaires à chaque personne pour pouvoir choisir librement son temps, pour avoir accès au « bon temps ». Ce sont ceux sans lesquels toute quête d'une société idéale n'aurait pas de sens. On y trouve évidemment les produits de base (l'eau, l'air, l'environnement, le logement, la santé, le transport, l'éducation), mais aussi des biens immatériels comme la sûreté, la tolérance, la démocratie, l'équité. Et sans doute, avant tout autre, l'appartenance à au moins un réseau, le fait de ne pas être seul, de pouvoir communiquer, d'aider et être aidé. Le fait de disposer aussi des moyens d'être actif, inactif, utile. Avoir eu une véritable enfance constitue aussi un bien essentiel, tout comme être entouré dans ses derniers jours. Les moyens du travail sont des biens essentiels.

Chaque membre d'un réseau coopératif a intérêt à ce que les autres membres du même réseau possèdent aussi ces biens essentiels ; leur possession équitable est la garantie pour chacun de ce que les autres ne transformeront pas le réseau coopératif en réseau compétitif, devenant par là des ennemis.

Activités socialement utiles

Nombre de concepts employés par la doctrine économique pour décrire la société et imposer la loi du marché perdent peu à peu leur sens. Par exemple, il devient de plus en plus difficile de distinguer entre travail, consommation, distraction et formation : il est impossible de discerner à première vue si quelqu'un utilise un objet de communication (cahier, livre, ordinateur, téléphone) pour travailler, pour consommer, pour jouer ou pour apprendre.

Dans certains cas, une consommation s'est substituée à l'achat d'un travail marchand. Ainsi, chacun se rase désormais soi-même et le métier de barbier a pratiquement disparu : l'utopie qui faisait sourire et se moquer – « demain on rase gratis » – s'est trouvée pleinement réalisée. C'est aussi vrai pour d'autres activités transformées en consommation privée par des équipements ménagers (machine à laver ou autres robots domestiques).

Par ailleurs, l'acte de travailler est une consommation quand celui qui l'accomplit trouve de l'intérêt ou du plaisir à le faire. Ainsi de la pratique musicale en amateur, ou d'une activité bénévole, ou du militantisme, ou de toute autre activité que chacun considérera comme épanouissante. Certaines de ces activités n'apporteront du plaisir qu'à leur auteur ; certaines seront utiles à d'autres, en particulier aux membres du réseau coopératif auquel appartient l'auteur de l'acte. Un travail de force, comme certaines tâches domestiques constitue plus rarement un plaisir qu'une activité intellectuelle, artisanale, artistique, militante ou d'hospitalité. Un travail pour son compte est plus souvent un plaisir qu'un travail salarié. La valeur du produit d'un tel travail ne dépend donc pas que de son coût de production, mais aussi de la qualité de l'objet produit ou du plaisir tiré du service rendu pour celui qui le rend. Le travail devient ainsi une consommation.

Inversement, l'acte de consommer devient parfois un travail utile au producteur. Par exemple, en achetant des produits, le consommateur fournit un travail : il donne des informations sur ses goûts et habitudes au vendeur, qui en tirera des enseignements, puis un profit.

On appellera *activité socialement utile* tout acte de travail, de consommation, de distraction ou de formation qui améliorera la situation de la collectivité à laquelle appartient celui qui l'accomplit. Si cette activité implique un effort, une peine, une aliénation, elle méritera rémunération ; si l'accomplir est un plaisir, elle pourra constituer, au moins en partie, sa propre récompense.

Tout travail producteur de biens ou de services utiles constitue une activité socialement utile. C'est d'abord le cas du travail, salarié ou non, de production de biens qui s'échangent sur un marché. C'est aussi le cas du travail financier : mettre des capitaux à la disposition d'un investisseur, c'est donner une valeur au temps. Il s'agit donc d'une activité socialement utile et qui mérite rémunération. C'est également le cas du travail de production de biens non marchands par du travail salarié : défendre son pays, assurer sa sécurité, s'occuper de malades, d'enfants ou de personnes âgées sont autant d'activités socialement utiles qui méritent une rémunération de la société. Les impôts, en particulier, rémunèrent des activités qui sont en principe socialement utiles : les services publics. Tant que ces services améliorent la situation de la collectivité, c'est-à-dire tant que la sécurité s'accroît, que le niveau scolaire s'élève, que l'espérance de vie augmente, que la douleur en fin de vie diminue, etc., les services publics ne sont pas ressentis comme des charges, mais comme des activités bénéfiques pour l'actif social ; la croissance de leur part dans le revenu national ne constitue donc pas en soi une mauvaise nouvelle.

D'autres travaux trouvent, en revanche, leur récompense uniquement dans le plaisir que celui qui les accomplit prend à les réaliser. Les activités relationnelles (qui consistent à transmettre, aimer, aider, soutenir, consoler) peuvent être exercées sans attendre d'autre rémunération que la satisfaction qu'on en tire. Elles sont alors exercées à titre bénévole dans un cadre privé, celui d'une famille, d'un club, d'un parti, d'une église ou d'une association. Ces organisations peuvent employer en outre des salariés rémunérés pour le travail qu'ils accomplissent, s'ils ne le font pas par plaisir.

Une consommation peut aussi – et c'est plus original – constituer une activité socialement utile méritant rémunération. On l'a vu, il arrive que consommer soit un travail. Par exemple, les bénéficiaires de soins et de formations travaillent avec ceux qui les soignent ou les forment. Se former ou se soigner sont donc des activités ; elles sont socialement utiles, puisqu'elles améliorent la qualité d'ensemble de la collectivité : dans un réseau coopératif – et un pays est un réseau coopératif –, chacun a intérêt à ce que les autres membres du réseau soient en bonne santé et convenablement formés. Se soigner et se former constituent donc à la fois une consommation et un travail, et, en tant que travail socialement utile, méritent rémunération.

Une telle conception n'est pas nouvelle : depuis longtemps déjà, la social-démocratie a fait admettre que les salariés en congé-maladie ne perdent pas le droit à un revenu voisin de leur salaire, ni le lien contractuel avec leur entreprise ; les membres d'une collectivité, même s'ils ne travaillent pas, sont rétribués pour se soigner. Il devra en être de même pour ceux qui cherchent à remédier à leur insuffisance de connaissances par la formation permanente : ils ne sont pas des « assistés », des consommateurs, mais rendent service à la collectivité – réseau coopératif – en s'améliorant eux-mêmes. Leur activité doit être considérée comme aussi socialement utile que le travail salarié.

La rétribution peut ainsi concerner indifféremment une consommation ou un travail, si celui qui l'accomplit est socialement utile. Le montant des rétributions de chacune de ces activités est fixé par le jeu du marché pour celles qui sont privées, par celui de la démocratie pour celles qui ne le sont pas.

Inversement, certains travaux, même salariés, sont des consommations qui trouvent leur récompense en partie dans l'acte lui-même. Ainsi l'action de soigner ou d'enseigner peut-elle constituer, pour certains, un accomplissement indépendamment de la rémunération qu'en retireront l'infirmier, le médecin ou le professeur. Il en va de même de l'activité humanitaire.

Le bouleversement des concepts renverse ainsi les données les mieux établies : le médecin et le malade travaillent tous deux à la guérison de la maladie ; un maître et son élève travaillent tous deux à l'amélioration du niveau de ce dernier. Il existe des cas où un médecin soigne par plaisir un malade rémunéré lui-même pendant ses soins.

Le patrimoine relationnel, capital social individuel

Le pouvoir et la richesse de chaque individu ne se limitent pas à ses ressources matérielles et à ses moyens de production. Chacun est avant tout riche de sa santé, de son savoir, des relations qu'il entretient avec les autres, c'est-à-dire des réseaux dont il est membre et des langues qu'il parle. L'appartenance à un cercle familial, à un groupe d'amis, à une nation, à toutes sortes de réseaux constitue un *patrimoine rela-*

tionnel. Certains affichent les réseaux auxquels ils appartiennent par la multitude des cartes – d'identité, de sécurité sociale, de crédit, de clubs, d'abonnements, de visite, etc. – qu'ils se plaisent à conserver précieusement dans leur portefeuille et à exhiber en toute occasion, mesure de leur patrimoine.

Le patrimoine relationnel est, en général, dépendant du patrimoine monétaire : l'un aide à accumuler l'autre. Fortune et relations se nourrissent entre elles.

Chacun est riche – ou pauvre – de ce patrimoine relationnel qu'on nomme aussi parfois communément son « milieu ». Un enfant qui ne dispose pas d'un environnement favorable à son épanouissement a évidemment moins de chances qu'un autre, issu d'un « bon » milieu, de mettre en œuvre ses potentialités. Les faibles, les sans-papiers n'ont guère de patrimoine relationnel. Les enfants ont comme premier patrimoine le réseau familial, qui a en général le souci de leur avenir et se préoccupe de transmettre ses propres relations, ses savoirs, ses mémoires, ses cultures.

Pauvre, jusqu'ici, c'était ne pas *avoir* ; demain, ce sera ne pas *appartenir.* À l'avenir, le premier des patrimoines sera l'appartenance à des réseaux. Ce sera la condition première pour avoir *la vie devant soi.*

Le premier service dû par une collectivité à ses membres consistera donc à leur donner les moyens de développer leur patrimoine relationnel, de protéger la famille, d'aider à accéder à la vie sociale. Ce qui passe par la mise en place d'un « climat relationnel ».

Le climat relationnel,
capital social d'une collectivité

Le *climat relationnel* d'une communauté est constitué de l'ensemble de ses institutions, de ses réseaux et de ses alliances. Un climat relationnel est d'autant plus favorable à tous que la règle de droit est stable et juste, la sécurité garantie, la propriété protégée, les services publics de qualité, l'administration efficace, les différences d'opinion tolérées, les innovateurs soutenus, les transports sûrs et rapides, les entrepreneurs encouragés, les marchés transparents. En découle un désir d'être ensemble, de travailler pour et avec les autres. On peut parler du climat relationnel d'une nation, d'une ville, d'une entreprise, d'un groupe, d'une famille.

Un des constituants essentiels du climat relationnel au sein d'une collectivité est l'*équité* – c'est-à-dire le sentiment de légitimité de la hiérarchie des revenus, des pouvoirs et des patrimoines. Le sentiment d'équité dépend moins de l'excès de richesse que de l'excès de pauvreté et de la dispersion des fortunes. Son amélioration ne passe pas par l'élimination des riches, mais par la fourniture à chaque membre de la collectivité des moyens – en particulier de crédits – permettant d'exercer une activité socialement utile, d'exprimer un talent et d'en obtenir un revenu légitime, de disposer des biens essentiels.

Une des mesures de la qualité d'un tel climat est la capacité d'innovation de la communauté. Une communauté bénéficiant d'un bon climat relationnel est une *société d'innovation*. À défaut, c'est une *société d'imitation*. Le climat aide au bon fonctionnement des réseaux.

L'économie relationnelle

À côté de l'économie de marché, où s'organisent les échanges privés, et du secteur public, qui fournit à des citoyens des biens publics financés par l'impôt, sont en train d'émerger les réseaux d'une économie nouvelle – *relationnelle* – dans laquelle des entreprises d'un genre nouveau fournissent des biens nouveaux sur des marchés spécifiques.

• Les *biens relationnels* (gratuits ou non marchands) sont les biens et services permettant d'entretenir des relations avec les autres et suscitant des sujets de conversation. Parmi les *objets relationnels marchands*, on trouve la presse, les livres, les phonogrammes, le téléphone, l'internet. Parmi les *services relationnels marchands*, on trouve la musique, le théâtre, le cinéma, le spectacle, la radio, la télévision ; et le tourisme, premier marché de l'hospitalité, premier secteur de l'économie mondiale. Parmi les *biens et services relationnels non marchands*, on trouve toutes les occasions de relations gratuites : occasions de dire, de rire, de conter, de chanter, de partager, de faire du sport, de faire l'amour, etc. Mais aussi de débattre et de décider ensemble.

• Les *entreprises relationnelles* produisent des biens et services relationnels, marchands ou non. Parmi les entreprises relationnelles marchandes : les hôtels, les restaurants, les entreprises de spectacle, les clubs de sport, les services de proximité (garde d'enfants, aide aux populations en difficulté), les services personnels (de la santé à l'éducation en passant par les loisirs), ou encore les services à domicile, de comptabilité, de publicité, de formation, de restauration. Parmi les entreprises relationnelles non marchandes figurent, au premier rang, les organisations de la démocratie : les partis politiques et les syndicats. Nombre d'organisations non gouvernementales (que par la suite je préférerai nommer « organisations civiques », pour ne pas en rester à une désignation négative) sont aussi des entreprises relationnelles : elles comblent les lacunes de l'action des États dans les quartiers (tels les Restos du cœur ou ATD-Quart-Monde) ou à travers le monde (comme Action contre la faim ou Médecins sans frontières).

• La *finance relationnelle* vise à fournir à tous, à des taux voisins de ceux du marché, des prêts destinés à démarrer des entreprises, sans exiger d'eux plus qu'une garantie morale. Elle existe aujourd'hui sous le nom de « microfinance ».

• Les *marchés relationnels* sont des lieux réels ou virtuels où se rencontrent ceux qui recherchent des occasions de rendre service et ceux qui viennent demander qu'on leur en rende : agences de voyage, clubs de rencontre, petites annonces, associations de toutes sortes, terrains de sport, lieux d'enchères ou de brocante, où l'échange marchand est avant tout prétexte à lier connaissance et conversation.

Pour les tenants de la société de marché, l'économie de marché et l'économie relationnelle sont deux secteurs en conflit et aux frontières mouvantes selon l'étape de la guerre du marché contre la gratuité. En fait, chacun des deux secteurs a plutôt intérêt au développement de l'autre : le marché a intérêt à ce qu'il existe un bon climat, et notamment à ce que règne une certaine équité entre les membres de la collectivité. Il a donc intérêt à ce que se développe une économie relationnelle puissante et efficace. En particulier, une entreprise a grand intérêt à un bon climat : plus son personnel est précaire, plus elle perd la mémoire, plus elle devra dépenser en formation de nouveaux venus ; plus la loyauté y est grande, plus elle se montrera efficace. De même, les pays jouissant de la meilleure protection sociale se révèlent être aussi les plus efficaces ; là où existent organisations civiques, syndicats et partis politiques, le marché est efficace. Inversement, l'économie relationnelle a intérêt à ce que le marché soit le plus efficace possible, car il dégage alors les ressources financières nécessaires à son financement : *l'efficacité du marché dépend du climat créé par l'économie relationnelle, laquelle dépend en retour des ressources créées par l'économie de marché.*

Ainsi la promotion de l'économie relationnelle est-elle un des instruments du rééquilibrage entre marché et démocratie, condition nécessaire au dépassement de la social-démocratie de marché.

Relation, réseau, patrimoine relationnel, activité socialement utile, bien essentiel, climat, économie relationnelle sont les concepts clés nécessaires à la mise en œuvre de la voie humaine, à l'accès des hommes au « bon temps ».

Les dix chantiers d'une nouvelle
social-démocratie

La nouvelle social-démocratie – si l'on veut bien encore l'appeler ainsi – ne se contente pas des promesses de la social-démocratie de marché : une garantie contre la précarité, un meilleur partage des revenus et des patrimoines, une plus grande mobilité sociale, un meilleur cadre de vie, des transports et des logements décents, une meilleure association des salariés aux décisions de l'entreprise. Elle vise à ouvrir à l'humanité les moyens du *bon temps*.

Parler d'intelligence, de partage, de dignité, de sens, de gratuité, de responsabilité, de relation, de plaisir d'échanger et d'équité peut paraître un discours flou, bien éloigné du pragmatisme et du cynisme nécessaires à l'exercice de la politique et à la conduite de la troisième guerre mondiale. Pourtant, au-delà de l'amélioration nécessaire de leurs conditions matérielles, c'est ce à quoi aspirent vraiment les gens pour donner du sens à leur vie, pour réussir la globalisation, pour sauver la démocratie. Ils savent que, sans un formidable changement, le monde courra à sa perte. Ils sont prêts à écouter un tel discours s'il s'articule sur des mesures précises et réalistes. Les voici, regroupées en dix chantiers.

Repenser la nation

Une collectivité – continent, nation ou région – doit d'abord donner envie à ses membres de vivre ensemble, d'avoir en commun *la vie devant soi*. Premier acte du politique : provoquer le désir de se rassembler autour d'une histoire, d'une géographie, d'une langue, d'une culture, d'un art de vivre. En conséquence, tout doit être mis en œuvre pour améliorer par priorité le climat relationnel du pays, au sens où on l'a défini plus haut. Principaux axes d'un tel chantier :

• *Défendre la langue*, élément clé du vivre-ensemble. Sans langue commune, il ne peut y avoir de nation. Sans multiplicité des langues sur la planète, il ne peut y avoir de « biodiversité culturelle » ni donc, à terme, de genre humain. Le premier chantier d'un pays devrait consister à valoriser sa langue, à en faire l'occasion d'un partage, la protéger sans cesse de l'enrichir. L'apprentissage de la culture nationale doit être la première fonction des enseignements primaire et secondaire. Nul élève ne devrait sortir de l'enseignement obligatoire sans maîtriser parfaitement la langue et la culture de son pays d'origine ou d'adoption. Quitte, pour lui, à contribuer à enrichir ensuite cette langue de vocables nouveaux.

Tout étranger désirant obtenir un droit de séjour prolongé devrait être tenu de parler et vivre dans la langue du pays d'accueil, même s'il ne souhaite pas être naturalisé.

Inversement, tout citoyen d'un pays devra parler parfaitement au moins une autre langue que la sienne pour avoir accès, au moins partiellement, à la diversité culturelle du monde. En particulier, chacun doit être incité à connaître la ou les langues d'origine de sa propre famille.

• La survie de la langue passe par celle de la *culture* qu'elle véhicule ; ce qui suppose de se donner les moyens de promouvoir par priorité les modes d'expression utilisant la langue : littérature, théâtre, cinéma, chanson, mais aussi bien la presse. Ce qu'on appelle à tort l'« exception culturelle » est en fait un *impératif culturel*, ciment de la collectivité.

• *Organiser la sécurité.* Une collectivité ne peut vivre sans assurer ordre et tranquillité à ses membres. À cette fin, la prévention passe avant la répression sans naturellement l'exclure. La protection civile passe avant l'offensive militaire sans non plus l'exclure lorsqu'elle est nécessaire.

La défense d'un pays passera donc par la protection civile (contre les attaques terroristes visant des cibles urbaines et industrielles), par des moyens de protection à distance (pour dissuader ceux qui pourraient mettre en œuvre de telles menaces), par la dissuasion nucléaire (s'il en dispose). À cette fin, des systèmes nouveaux, non spécifiquement militaires (réseaux d'intelligences partagées, drones de combat, nano-ordinateurs, vêtements intelligents), devront être développés. Dans les pays où la vie humaine vaut plus que tout, des technologies radicalement neuves tendront à permettre de faire la guerre sans soldats face à des terroristes pour qui la vie humaine ne compte pas. La sécurité et la justice dépendront aussi de ce qui pourra être fait pour améliorer le climat relationnel du pays et ses rapports avec l'environnement. La politique étrangère, l'aide au développement, l'ouverture aux autres, l'équité planétaire, dont il sera question plus loin, seront des éléments essentiels de la sécurité d'une nation. Enfin, il conviendra de revenir sur la nature de la punition : un jour l'enfermement apparaîtra, pour de nombreux délits mineurs, comme une sanction aussi barbare et inefficace que nous paraissent aujourd'hui le supplice de la roue, la lapidation ou l'amputation d'une main.

• *Accepter les communautés*, mais refuser le communautarisme. Pour éviter d'avoir un jour à céder aux exigences communautaristes ou à subir des violences au nom de totalitarismes éthiques, la nation devra déployer le maximum d'efforts pour *intégrer* les minorités qui vivent sur son sol. Un pays ne peut exiger d'elles de parler sa propre langue s'il ne leur fait pas une place dans ses institutions. En particulier, les jeunes issus des « minorités visibles » devront trouver à être représentés dans les institutions politiques. On pourra même accepter une discrimination positive en leur faveur, à condition qu'elle soit limitée dans le temps. Les entreprises devront notamment organiser ces promotions et en faire la preuve dans leur bilan social. Faute de pouvoir – comme, par exemple, le Canada – consacrer des sommes énormes aux écoles des quartiers difficiles, tout pays devrait à tout le moins favoriser l'éclosion des talents qui s'y trouvent en fournissant à ceux qui en ont le goût un environnement propice à la réussite scolaire, en réhabilitant les internats, en généralisant l'expérience de quelques grandes écoles et universités qui offrent un tutorat et un environnement culturel aux meilleurs élèves des lycées des quartiers environnants. Les municipalités devront à tout prix éviter le regroupement des minorités dans des quartiers spécifiques, et disperser ceux qui existent encore.

• *Créer une situation d'équité.* Sans chercher à réduire la richesse lorsqu'elle est acquise par des activités socialement utiles, l'objectif doit être d'éliminer la pauvreté, sous toutes ses formes, et d'augmenter le patrimoine matériel et relationnel. La création d'une situation d'équité passe donc d'abord par une modification des mécanismes de formation des revenus et des patrimoines au sein des entreprises, par un meilleur partage entre profits et salaires, par la mobilité sociale et par la garantie d'un revenu décent en échange d'une activité socialement utile, quelle qu'elle soit.

• Maintenir des *moyens économiques de souveraineté*. En particulier, tout pays devrait pouvoir imiter la législation américaine connue sous le nom d'*Exxon Florio Provision*, qui, depuis 1988, permet au gouvernement fédéral de suspendre ou même d'interdire toute vente à des actionnaires étrangers d'entreprises participant à la défense nationale. Un mécanisme du même genre devrait se déclencher quand 20 % du capital d'une entreprise stratégique seraient acquis par des étrangers, sans se limiter au secteur de la défense ou de la sécurité, comme c'est le cas en France. En Europe, cette clause ne s'appliquerait pas aux investisseurs appartenant à un autre pays membre de l'Union.

• *Organiser un réseau national cohérent* qui ne se limite pas à la mise en valeur d'un territoire : cela suppose d'utiliser le meilleur de ceux qui participent de son avenir sans résider pour autant sur le sol national. Ce qui implique une politique sophistiquée de valorisation de la langue et de la culture hors des frontières et une politique de soutien aux diasporas, essentielles pour la promotion des sciences, des activités et des produits d'une nation.

• Réduire la *dépendance énergétique* en développant particulièrement les énergies renouvelables. Par exemple, l'Allemagne et l'Espagne utilisent l'énergie éolienne soixante-dix fois plus que la France ; le Japon et l'Allemagne utilisent l'énergie solaire trois cents fois plus que la France. L'Autriche installe pratiquement cent fois plus de chauffe-eau solaires que la

France. Il faudra réduire la dépendance en matière de géothermie et, à cette fin, développer les biocarburants, favoriser l'emploi de véhicules propres, mieux isoler les logements et entretenir les forêts. Enfin, maîtriser l'usage de l'énergie nucléaire, qui restera longtemps encore le meilleur rempart contre l'« effet de serre » et la détérioration du climat. Il faudra en contrôler la dispersion, en réduire la circulation et le recyclage, et en éliminer efficacement les déchets.

Renforcer l'efficacité du marché

La nouvelle social-démocratie ne se distingue pas du libéralisme par une gestion plus « douce » de l'économie de marché. Elle doit au contraire lui assurer les moyens, dans les secteurs où la gratuité n'est pas préférée, d'être le plus efficace possible, pour dégager le maximum de richesses marchandes à répartir entre tous.

• *Créer un climat favorable à l'économie de marché.* Plus que d'un bas niveau de charges, l'économie de marché a besoin d'un environnement stable, d'une règle de droit durable, d'une administration efficace et rapide, d'un État prévisible, d'une valorisation des innovateurs et des entrepreneurs dynamiques, d'un système de propriété et de sécurité bien établi, d'un soutien à la création de nouvelles entreprises en leur fournissant les moyens d'innover, d'investir, d'attirer les talents.

• *Favoriser les emplois à salaires élevés.* Contrairement à ce que suggèrent toutes les politiques, de droite comme de gauche (qui incitent les entreprises à proposer des « emplois de démarrage » en réduisant les cotisations sociales et les impôts sur les emplois à bas salaires), les ressources d'une collectivité seront bien mieux utilisées à former des jeunes en les rémunérant qu'à subventionner des emplois peu qualifiés. Aider les très bas salaires ne peut être, dans un pays d'innovation, qu'un pis-aller permettant de compenser provisoirement les échecs d'un appareil éducatif. L'accroissement du patrimoine relationnel de chacun et du savoir individuel est essentiel au progrès de toute collectivité.

• *Encourager la mobilité* en la rendant non seulement vivable et tolérable, mais exaltante. Encourager le passage d'un emploi à un autre, d'un emploi à une formation, d'un site professionnel et d'un domicile à d'autres ; faciliter le mouvement des fonctionnaires, des étudiants, des chercheurs, des employés, y compris hors des frontières, en particulier dans les pays de l'Union européenne.

• Créer le climat permettant à tous de *créer une entreprise personnelle,* marchande ou relationnelle, par l'allégement des démarches administratives, l'exemption de certaines règles, et surtout par un accès plus aisé au marché financier sans avoir à fournir une caution.

• *Favoriser fiscalement et socialement les patrimoines acquis par le travail au détriment de ceux acquis par la rente*, qu'il s'agisse d'une rente de position ou d'un héritage : le marché ne peut participer à l'équité sans un système fiscal efficace. En particulier, les impôts frappant les revenus du travail doivent être moins lourds que ceux portant sur les héritages. L'impôt sur les fortunes deviendra inutile, celles-ci étant taxées au moment de leur transmission.

Réorganiser le travail

Le travail doit être le lieu de la mise en œuvre des conditions nécessaires au « bon temps » : l'intelligence de soi, la gratuité, la responsabilité. Dans ce dessein, les réformes suivantes seraient à engager :

• Chacun répartira plus librement les 100 000 heures (soit 2 500 heures par an sur 40 ans) qu'il devra encore consacrer tout au long de son existence au « temps contraint », c'est-à-dire le temps aliéné, parcellisé, stressant, du travail et des transports. Un des principaux objectifs de la nouvelle social-démocratie sera de faire diminuer cette durée. D'énormes efforts devront être à cette fin consacrés à l'amélioration de l'infrastructure des transports collectifs et au développement du travail à distance.

• *Modifier la nature autant que la durée du travail.*
Dans la recherche du « bon temps », la durée du travail
compte moins que sa qualité et le climat dans lequel il
se déroule. On favorisera en particulier le *travail à
temps partiel*, pour inciter les parents à remplir leurs
devoirs à l'égard de leurs enfants. On luttera contre le
travail déqualifié. De nouvelles formes d'exercice du
travail, plus créatives, utilisant et valorisant les potentialités de chacun, en réseau, seront privilégiées.

• Chacun tendra ainsi peu à peu à devenir
employeur de lui-même, offrant ses services à
plusieurs utilisateurs possibles, consacrant une part
croissante de son temps à se former et à des activités
non marchandes. On verra que certaines de ces activités hors travail doivent être aussi rémunérées.

• *Rendre responsables les différents acteurs de
l'entreprise* en associant les syndicats, les consommateurs et les populations environnantes à certaines décisions du conseil d'administration. À l'instar de ce qui
existe déjà en Allemagne, en Suède, au Royaume-Uni,
aux Pays-Bas, des conventions collectives de branches
devront décider en premier ressort des conditions
d'emploi et de travail ; les accords d'entreprise
devront gérer les relations de travail sans que l'État
soit partie aux négociations, si ce n'est pour modifier
la législation en conséquence. Cela impliquera de
développer la participation des salariés à la vie et à
l'action syndicales, et celle des usagers aux associations de consommateurs. Les principales décisions

patrimoniales de l'entreprise devront être discutées avec eux.

• Cette meilleure *gouvernance* conduira les conseils d'administration des entreprises à décider d'une répartition plus juste des revenus directs, à compenser les délocalisations, à s'intéresser au caractère durable du développement, à réduire la part des revenus financiers par rapport aux revenus du travail, à lutter contre le stress au travail, à revaloriser la qualité de chaque poste, à favoriser la créativité au travail, l'initiative, la mobilité des carrières, l'accès aux responsabilités. Les salariés auront droit à des congés leur permettant de participer à des activités relationnelles – travailler pour des organisations civiques, aider les personnes âgées, enseigner à des enfants.

• Cette nouvelle gouvernance aidera aussi à faire naître une *éthique de l'entreprise responsable*, qui la conduira à mieux respecter les exigences posées par le droit, la morale, la sûreté, la préservation de l'environnement. Une telle éthique contribuera à créer un climat d'entreprise suffisamment partagé pour concourir au maintien de la loyauté des employés, des investisseurs et des consommateurs. Un audit spécial devra contrôler le respect d'une *Charte éthique*.

• Encourager fiscalement la *création d'entreprises relationnelles*, organisations civiques qui devront remplir des devoirs de solidarité, rendus nécessaires par la mondialisation et la précarité qui en découle. En particulier, on aidera à renforcer les institutions de micro-finance qui couvrent les besoins des entrepreneurs ne disposant d'aucun patrimoine à fournir en caution.

• *Développer l'économie relationnelle.* Il faudra inciter – sans recours à la contrainte – à compléter les activités marchandes par des services relationnels rendus par des organisations civiques. À cette fin, il faudra favoriser fiscalement ces activités, en parti-culier d'éducation et de prévention, et valoriser les *entreprises relationnelles non marchandes* en visant la *gratuité*. Par exemple, il faudra inciter des retraités ou des salariés en congé à prendre en charge des travaux relationnels tels que soutenir des enfants dans leur travail scolaire, assister de jeunes délinquants dans leur réinsertion ou aider à la création d'entreprise.

• Accorder aux *étrangers venus légalement* vivre et travailler durablement dans un pays les mêmes droits et les mêmes devoirs qu'aux citoyens de ce pays – au moins en tant que membres de collectivités locales. Il faudra aussi attirer dans les universités et les labora-toires le plus possible de jeunes diplômés et consacrer des efforts importants à la détection, à la formation et au suivi de ces étudiants.

• *Gérer comme des entreprises concurrentielles les entreprises relationnelles.* Elles remplissent des missions souvent complexes et doivent employer des professionnels de haut niveau, payés décemment. Ceux qui les financent – donateurs individuels ou gouverne-ments – doivent exiger d'eux qu'ils se soumettent à des contrôles rigoureux par des auditeurs intransigeants et indépendants. Il faudra élaborer des critères de mesure de l'efficacité humanitaire, nécessairement différents de ceux du marché (le profit) et de la démocratie (la popularité). La plupart de ces organisations devront pouvoir atteindre leur autonomie financière en équilibrant leurs recettes et leurs dépenses sans avoir de dividendes à répartir entre des actionnaires.

• *Organiser des marchés relationnels* pour que s'y rencontrent ceux qui cherchent des occasions de se rendre utiles et ceux qui demandent ou attendent qu'on leur rende service. Ces marchés pourront être organisés dans les quartiers, ou virtuellement sur l'internet. Ils commencent déjà d'exister sur certains lieux de rencontre : lieux d'enchères, brocantes, centres de commerce éthique, maisons d'associations.

Améliorer le capital social de chaque individu

• *Le droit à l'enfance.* Le climat dans lequel un enfant est élevé détermine son avenir et la formation de son patrimoine relationnel. Adultes trop précoces, les enfants souffriront d'une rage que ne compensera aucun des réseaux ultérieurs. Il faut affirmer leur droit à une période d'irresponsabilité, entourée de tendresse et d'indulgence, où il leur sera loisible de commettre des bêtises et de croire aux contes de fées. Il faut inscrire dans la loi certains droits de l'enfance, comme elle fait déjà obligation en France d'assister une personne en danger par l'article 223-6 du Code pénal.

Il faut favoriser le désir, chez les adultes, non pas seulement d'avoir, mais aussi d'*élever* un enfant : l'aider à acquérir les moyens de satisfaire sa curiosité, à découvrir autour de lui l'inédit, à bénéficier lui aussi du bon temps, à produire ses propres images mentales, à comprendre les limites de la liberté et les nécessités du partage. Il faudra lui enseigner à trouver plaisir au service et aux progrès des autres, à ne pas être avec eux en compétition permanente. Il faudra enfin, en certaines circonstances, octroyer directement une fraction des aides sociales aux enfants mineurs pour leur garantir un droit à l'autonomie et à l'argent de poche.

• *Le droit à la famille.* Pour qu'il y ait droit à l'enfance, il faut qu'il y ait devoir de parenté. Mais si l'on peut forcer quelqu'un à faire quelque chose, on ne peut l'obliger à y trouver son bonheur. Encore moins peut-on contraindre un couple à élever des enfants qu'il a souhaité avoir. Une société ne peut forcer des adultes à se montrer des parents attentionnés dans l'intimité du foyer. Elle peut cependant tenter de leur enseigner à transmettre le sens de la beauté, le goût du vrai, du don, de l'attention portée à autrui, de la connivence ; à transmettre une mémoire, des traditions, le sentiment d'appartenance et l'appétit d'universalité.

Pour donner consistance à ce devoir de parenté, il faudra inciter les adultes à trouver du bonheur dans celui de leurs enfants : élever des enfants devra être ainsi considéré comme un vrai métier, et non pas seulement si, comme à l'école, il s'agit des enfants d'autrui. Il faudra aller jusqu'à dissocier parenté et mariage, parenté et enfantement, et donc soutenir et assister l'adoption, même par des couples homosexuels. Entre frères et sœurs, il conviendra d'instaurer un devoir d'aînesse qui devrait sans doute s'inculquer à l'école. De même, les enfants devraient y apprendre à se bien conduire vis-à-vis de leurs parents : à côté d'une pédagogie destinée aux parents, il faudra enseigner aux enfants à reconnaître et apprécier le rôle de ceux qui les élèvent.

• *Le droit au savoir.* Toute personne née au sein d'une collectivité y a droit à un patrimoine relationnel, en particulier à un savoir qui lui assure les moyens d'y vivre et de s'y épanouir, d'y prendre du *bon temps*, d'y avoir *la vie devant soi.* Ce qui suppose de créer les conditions pour que ces droits puissent être exercés par tous. Cela conduit à accorder priorité à l'enseignement primaire (pour donner ses chances à tous), au supérieur (pour valoriser les talents) et à la formation permanente (pour les cultiver). Il convient de rétablir et revaloriser un examen d'entrée en sixième afin que n'y accèdent que ceux qui savent réellement lire, écrire et compter.

Au-delà d'un certain seuil d'études universitaires, les étudiants devraient être payés pour se former puisque toute formation d'un niveau très supérieur est une activité socialement utile à la collectivité, et non pas seulement à l'intéressé.

Aider les autres à se former, par exemple en participant à des enseignements de rattrapage, sera considéré comme l'équivalent d'un enseignement reçu et fera partie du cursus d'un étudiant.

La formation permanente – et d'abord celle des enseignants et des soignants – doit être considérée à l'égal d'un travail et rémunérée comme une activité socialement utile. Les périodes de chômage doivent être l'occasion de renforcer la qualification et d'organiser le développement personnel. Elles seront elles aussi rémunérées comme activités socialement utiles. En revanche, toute personne qui refuserait une formation permanente perdrait les droits attachés à sa situation. Et toute personne quittant un pays qui a assuré sa formation et ne justifiant plus de travailler dans l'intérêt de ce pays devra rembourser les études supérieures que lui aurait payées la collectivité.

• *Le droit à la mobilité.* Tout membre d'une collectivité doit pouvoir apprendre ou travailler en tout lieu de la communauté, s'il le souhaite ou s'il le doit, sans rien perdre de ses droits.

• *Le droit à la santé* ne se réduit pas à l'accès aux soins médicaux. Il implique d'abord la mise en place d'un climat relationnel : vivent le plus longtemps ceux qui s'intéressent plus aux années qui leur restent à vivre qu'à celles qu'ils ont déjà vécues, qui ne ressassent pas leurs souvenirs, qui ne s'angoissent pas pour des maux qu'ils n'ont pas, qui évitent les comportements traumatisants, qui ne se contentent pas de survivre aux agressions et aux plaisirs du moment, mais conçoivent et lancent des projets pour l'avenir sans se préoccuper du temps qui leur est imparti pour les mettre en œuvre. Le climat et le patrimoine relationnels sont des éléments essentiels d'une politique de la santé. Pour avoir le plus possible de *bon temps*, pour *vivre jeune* le plus longtemps possible, il faudra ne pas s'avouer vaincu face à la mort, la sienne ou celle des autres, ne jamais cesser de penser que le monde est beau et le temps digne d'être vécu.

Par ailleurs, il faudra comprendre pourquoi les régions du monde où l'on vit aujourd'hui le plus vieux, dans l'intégrité du corps et de l'esprit, ne sont pas des lieux de haute technologie ni de fortes dépenses de santé, mais : une vallée du nord du Pakistan (aux confins de l'Afghanistan, de la Russie et de la Chine) où vivent les Hounzas ; la vallée de Vilcabamba, au Pérou ; l'est des Pyrénées ; le village japonais d'Ogimi, au nord d'Okinawa (où vivent proportionnellement dix fois plus de centenaires que dans le reste du Japon, qui est pourtant l'un des pays, avec la France, où l'on en trouve le plus). Il faudra aussi expliquer pourquoi, aux États-Unis (où triomphe la médecine de pointe et où les dépenses de santé atteignent des montants considérables pour ceux qui sont solvables), l'espérance de vie augmente notablement moins vite qu'en Europe.

Le respect de soi et des autres, la façon de manger, de boire, de travailler, de se distraire, de se loger, et surtout de penser le temps et l'avenir, deviendront essentiels, tout comme le partage relationnel du mal vient en aide aux malades : rien de plus efficace que le dialogue avec un patient atteint de la même affection que soi, de la même façon il n'est rien de plus formateur que d'enseigner. On mesure là combien les réseaux et le climat relationnel, au sens où ils sont définis plus haut, jouent un rôle fondamental dans la mise en œuvre de la voie humaine.

Il conviendra aussi de lutter contre les gaspillages et les « déserts sanitaires », en revenant sur la liberté d'installation des médecins libéraux. De telles évolutions poseront de redoutables problèmes de contrôle de la sphère privée ; mais nul ne devrait pouvoir revendiquer comme totalement confidentielle une activité financée en grande partie par la collectivité. Le maintien pendant une vie plus longue du droit à la santé passe par la croissance de la part du revenu national qui lui est consacrée.

• *Le droit à la retraite.* Il faudra réaffirmer le droit à un revenu décent au-delà des périodes d'activité socialement utile et de temps contraint. La durée de cotisations devra augmenter avec l'espérance de vie. Le montant de ce revenu devra aussi tenir compte de l'espérance de vie de chaque profession ou condition. Un travailleur de force devra bénéficier d'un coefficient correcteur plus élevé qu'un travailleur intellectuel qui, statistiquement, vit plus longtemps. L'arrivée à l'âge ouvrant droit à ce revenu ne doit pas interdire d'exercer des activités socialement utiles (rémunérées ou non).

Le financement de la retraite par répartition n'aura encore de sens que si les générations sont solidaires et qu'elles ont assez d'enfants pour perpétuer ce mode de financement. Il faudra sans nul doute le compléter par un financement par capitalisation.

Pour leur épargner la solitude, plutôt que de parquer les aînés dans des maisons de retraite où elle les tue plus vite que la vieillesse, il faudra les inscrire dans des réseaux plus vastes, les faire participer à la vie collective, les aider à partager à deux, trois ou plus, provisoirement ou durablement, un toit, des biens, des avantages sociaux. En particulier, des familles pourraient adopter des grands-parents et bénéficier de leur savoir-faire éducatif et relationnel en échange d'une relation venant briser leur solitude.

Protéger contre la précarité : le revenu d'utilité sociale (RUS)

Si l'on veut préserver la démocratie de marché face aux totalitarismes, il faut réduire les risques de précarité qu'elle implique – et d'abord le principal, celui qui plane sur le revenu et le statut.

• *Faire disparaître le chômage en distinguant entre revenu et travail :* tout chômeur doit être mis en situation de bénéficier d'une formation ou de travailler dans une entreprise relationnelle ; en échange de cette activité socialement utile, il recevra un revenu de substitution. On ne désignera pas ce revenu sous le nom d'allocation-chômage ou d'« impôt négatif » (expression maladroite cumulant deux connotations péjoratives), mais de « revenu d'utilité sociale » (RUS).

Au lieu de disputer sur le montant de l'assistance à fournir à ceux qui sont privés de travail, la société débattra de la détermination d'un tel RUS, en fixera le montant et fera en sorte que chacun puisse le mériter en se montrant socialement utile. Tous les travailleurs effectueront des passages réguliers en formation professionnelle ou en d'autres activités socialement utiles ; ils seront alors remplacés à leur poste par des chômeurs de compétence similaire. La rotation entre emploi et formation devra s'accélérer avec la récession et se ralentir avec la croissance. Les activités socialement utiles seront intégrées dans les années de cotisations et s'ajouteront aux droits à la retraite. Le droit au RUS incitera chacun à rechercher une utilité plutôt qu'à se résigner à une dépendance, et poussera à préférer une activité utile à un revenu minimal d'oisiveté. On fera ainsi disparaître la catégorie même de chômage en transformant les chômeurs en actifs accomplissant des tâches utiles méritant rémunération.

• *Le RUS sera financé* par les ressources utilisées aujourd'hui pour les allocations-chômage, la formation professionnelle, le RMI, le RMA, etc. Si elles se révèlent insuffisantes – en cas de chômage très exceptionnel –, une taxe sur l'ensemble des revenus, complémentaire à l'actuelle CSG, assurera l'équilibre. L'accès à ce revenu augmentera la consommation et réduira le chômage.

• *Donner à chacun un droit aux réseaux :* pour lutter contre la pauvreté relationnelle, il faudra donner à chacun les moyens de s'insérer dans des réseaux ; en particulier, il conviendra d'y aider les handicapés, les personnes âgées, dépendantes et isolées.

Durant sa vie active, chacun pourra rester en *contrat d'activité avec un réseau* rassemblant des entreprises et des sous-traitants d'une même région ou d'un même secteur, ainsi que des acteurs publics ou privés (chambres de commerce, collectivités locales, lieux de formation permanente, organisations civiques, entreprises relationnelles, écoles, etc.) ; ce réseau gérera le RUS et sa répartition entre ceux qui exercent des activités socialement utiles.

• *Accepter de prendre des risques.* La mise en place de mécanismes de garantie contre la précarité ne doit pas amener à ne plus savoir braver le péril ou l'inconnu. Elle doit au contraire dispenser la sérénité nécessaire pour pouvoir le faire. L'excès de précautions face à la précarité, aux risques et dangers divers, préfigure la mort et y conduit. Une société n'est

vivante que si elle relève des défis, si elle a le courage
d'affronter ses ennemis.

Aller vers la gratuité

Un des rôles majeurs du politique consiste à tracer
la frontière entre le marché et le gratuit. Pour contenir
l'expansion du marché et empêcher l'instauration
d'une société de marchandises, il faut maintenir une
gratuité (marchande) des services publics et étendre
progressivement le champ de la gratuité aux biens
matériels (santé, transport, logement) et relationnels
(éducation, fête) de première nécessité, c'est-à-dire
aux biens essentiels.

• *Refuser de remplacer* la monnaie par le troc du
travail contre un service : ce n'est qu'une forme
déguisée d'échange marchand déséquilibré. Par
exemple, il ne faut pas, comme le font les universités
américaines données en modèle par le Labour britannique, faire financer leurs études par les étudiants en
échange de tâches communautaires, leur permettant
d'accumuler des heures de travail sur une « banque de
temps » : ce n'est qu'une façon déguisée de leur faire
payer leurs études au prix fort.

• **Préserver** la gratuité des *principaux services
publics*, ceux qui assurent le « climat » de la collectivité, incarnent la souveraineté et l'équité : justice,

sécurité, défense, éducation, santé. Ces services doivent rester d'accès égal pour tous, c'est-à-dire gratuits et financés par l'impôt. Ils ne devraient pas être mis en concurrence avec le privé ou, quand ils le sont, ils devraient continuer d'être financés par la puissance publique. Ce sera là un enjeu extrêmement difficile, en particulier au sein de l'Union européenne (où beaucoup voudraient en finir avec *tous* les services publics) et dans les autres pays où l'OMC tiendra à imposer la concurrence entre infrastructures publiques et privées. On verra plus loin comment assurer sans concurrence marchande l'efficacité des services publics.

• *Garantir la gratuité de certains biens essentiels.* À tous ceux (les SDF, les chômeurs de moins de 25 ans qui n'ont pas droit à un revenu minimum, les mères vivant seules, les plus de 50 ans vivant de peu et sans espoir) à qui l'on n'aura pu, pour une raison ou une autre, procurer une activité socialement utile, et qui n'auront pas fait acte de refus volontaire ou de paresse, on accordera, à la place du revenu d'utilité sociale, la gratuité complète des biens essentiels (nourriture, logement, santé, éducation, transport, culture). Au lieu de couvrir l'accès à ces biens par un revenu minimum, on préférera utiliser le système du tiers payant. La gratuité de la subsistance, assurée en France aux plus démunis par les « Restaus du cœur », devrait ainsi devenir une obligation de la société, et ne plus incomber à la charité privée. Cette gratuité permettra à beaucoup de revenir en situation d'exercer une activité socialement utile. En effet, une très forte proportion des individus mis en position d'avoir à choisir entre la mendicité et le commerce optent pour le commerce ; une grande majorité des plus pauvres préfèrent se rendre utiles et être rétribués pour cela plutôt que de rester durablement assistés.

• Il convient d'assurer parallèlement la préservation de la *gratuité des relations humaines* : celles d'amour et d'amitié, de tendresse, de consolation, de soutien, de formation, de transmission, de partage, d'échange, de don, de culture, etc.

• Bien des métiers marchands pourraient être remplacés progressivement par des activités gratuites et bénévoles, ce qui pourrait réduire la nécessité de disposer d'un revenu pour en bénéficier. En particulier, cette économie relationnelle pourrait s'étendre à de nouveaux domaines grâce aux nouvelles technologies qui permettent désormais (par des *objets nomades relationnels*) de communiquer, travailler, consommer, apprendre et recevoir gratuitement. Dans certains cas, on devra même renoncer à considérer la transmission gratuite d'informations comme un vol. En tout cas, nul ne devrait être empêché de donner à sa guise ce qui lui appartient. Ce qui n'interdira pas ce secteur d'être le champ d'action d'entreprises marchandes économiquement équilibrées où chacun de ceux qui produisent sera équitablement rémunéré. Le modèle de la radio ou de la presse gratuite s'étendra progressivement à de nouveaux secteurs. Les fournisseurs d'accès à l'internet deviendront l'équivalent de câblo-opérateurs mettant leurs services à la disposition gratuite des consommateurs en échange d'un abonnement. Les détenteurs des droits des œuvres circulant sur les réseaux seront rémunérés par ces fournisseurs d'accès, comme ils le sont déjà par les radios.

• Enfin, il faudra déclarer un sanctuaire inviolable regroupant les biens essentiels qui ne devraient pouvoir en aucun cas et sous aucun prétexte être commercialisés : les cadavres, les organes, le sang, le génome, les humains en vie, les sentiments.

Repenser le rôle de l'État

Dans la nouvelle social-démocratie, le rôle de l'État consistera d'abord à *prendre en charge la transition* entre les différentes formes plus ou moins subies de l'activité, à *organiser le climat* et à *garantir la qualité* des services publics.

• Le budget de l'État doit financer les services publics par des *dépenses collectives*. Elles peuvent augmenter si elles sont efficaces et couvertes par un impôt accepté démocratiquement. Le déficit du budget de l'État est, lui, limité par le montant de sa dette et de ses engagements à long terme. Ce déficit ne devra servir qu'à financer des investissements. Il ne sera plus nécessaire à la lutte pour l'emploi.

• Utiliser, en Europe, les réserves de la Banque centrale de chaque pays, devenues inutiles, pour en faire une Fondation au capital placé et dont les revenus assureraient les grandes dépenses d'avenir, en particulier la recherche et le droit aux biens essentiels.

• La gestion des services publics sera pour l'essentiel déléguée par l'État à des *agences autonomes* : d'abord les fonctions techniques (logistique, entretien, etc.), puis même les fonctions centrales de l'État, telles l'éducation et la santé. Les agences seront des institutions de droit public. Les ministères n'auront plus pour mission que de passer contrat avec ces agences, de les financer, de veiller à ce qu'elles assurent un égal accès des citoyens à leurs services. Ces agences pourront, dans certains cas, être en concurrence. Elles devront en tout cas respecter des critères d'efficacité et des normes comparatives avec des agences équivalentes.

Il s'agit là d'un véritable bouleversement de l'appareil d'État qui lui permettra de conserver tout son rôle de fixation des normes, de contrôle de la souveraineté, tout en confiant à d'autres, placés sous son contrôle, le soin d'exécuter ses instructions.

• Une *instance d'audit* contrôlera, pour le compte du Parlement, la façon dont les moyens sont utilisés et les objectifs atteints par les ministères et les agences. Les rapports de cette instance seront rendus publics. Selon la note obtenue, le contrat entre agence et ministère sera prorogé, modifié ou résilié. L'audit assurera le respect de l'équivalent d'une concurrence dans le secteur public.

• L'État contrôlera le marché en assurant le respect des intérêts des travailleurs, des épargnants, des consommateurs et des usagers.

• *La modernisation de l'appareil d'État* par cette séparation – révolutionnaire – des fonctions de conception et de gestion entre les ministères et les agences sera renforcée par l'usage de *technologies* relationnelles qui permettront d'en faire un fournisseur de services sur mesure et réduiront les dépenses publiques.

• *Le statut des fonctionnaires* sera maintenu pour ceux qui sont aujourd'hui en activité dans les ministères et agences ; leurs successeurs seront employés sous contrat de droit public des agences. Resteront titulaires ceux qui exercent dans les ministères des fonctions régaliennes (défense, sécurité, justice) et les gestionnaires des contrats avec les agences. Il faudra assurer un passage plus aisé entre secteur privé et secteur public, et harmoniser les niveaux de revenu dans l'un et l'autre.

Passer de la démocratie à la responsabilité

Des réformes d'une telle ampleur ne sont pas envisageables sans un exécutif fort, alors qu'un renforcement de la démocratie face au marché suppose, lui, un renforcement du pouvoir législatif. L'un et l'autre ne sont compatibles que moyennant un renforcement d'ensemble de la vie démocratique.

• *L'appartenance à des syndicats, des associations, des partis politiques* doit être encouragée en autorisant la déductibilité fiscale du double des cotisations – avec un plafond pour ne pas attirer que les plus aisés – et en aidant syndicats et partis à devenir aussi des associations d'usagers du travail et de la consommation.

• *Le Parlement doit avoir un plus grand pouvoir d'initiative et de contrôle* de l'activité de l'État par un audit systématique et autonome de ses missions et de ses agences. En particulier, il devra être doté d'une puissante *agence de planification* indicative qui l'aidera à définir un cadre de long terme pour son travail. La durée du Plan devra se calquer sur celle de la législature.

• *Le Sénat* deviendra le représentant de grandes régions ou provinces avec des élus au suffrage universel direct. Une telle instance pourrait faire valoir de façon novatrice et positive l'intérêt du local par rapport aux exigences du global.

• *Les institutions locales seront regroupées pour leur permettre de mieux exercer leurs responsabilités.* Avantages énormes : économies de frais de gestion, cohérence des projets, rationalisation des équipements. Une telle réduction des centres de décision éviterait le saupoudrage des ressources qui appauvrit les zones rurales. En outre, des autorités locales fortes et unifiées seraient plus faciles à coordonner que l'actuel entrelacs de bureaucraties. Enfin, les élus locaux renonceraient plus aisément à une carrière nationale, moins intéressante que la conduite du développement d'une ville ou d'une région. En France, par exemple, il faudrait – ce qui sera une tâche très difficile – réduire le nombre des communes de 36 000 à 8 000, supprimer cantons et sous-préfectures, faire passer le nombre des régions de 25 à 8. En revanche, la restauration de la notion de *pays*, sur le plan géographique et culturel, serait la bienvenue ; cette mention pourrait, par exemple, figurer sur les adresses postales. On serait natif ou habitant du Hurepoix, du Léon ou du Diois plus que de l'Essonne, du Finistère ou de la Drôme.

• *Favoriser l'exercice de la responsabilité directe* en donnant aux citoyens des communes un pouvoir d'initiative en matière réglementaire ; leur permettre de participer à l'allocation des ressources budgétaires des collectivités locales, d'organiser des votes permanents sur les réseaux, des référendums d'initiative populaire sur l'internet à propos de sujets d'intérêt général, en associant à ces consultations tous les individus concernés, et d'organiser par les mêmes voies des comptes rendus de mandat. À terme, chacun pourrait évaluer sur réseau, par un sondage ou scrutin virtuel préalable au vote, quelle décision permettrait au plus grand nombre de votants de satisfaire leurs propres exigences sans trop créer de déplaisir aux autres. Le résultat final du vote évoluerait au fil de la consultation par débats, négociations, recherche de compromis, infléchissements successifs de la position de chacun. On n'arrêterait une décision qu'au terme d'un processus de convergence, lorsque chacun aurait atteint le point d'équilibre entre la satisfaction de ses propres attentes et la satisfaction de celles des autres.

Les villes seraient ainsi à l'avant-garde de la nouvelle social-démocratie.

• *Mettre en œuvre de nouveaux droits et devoirs des citoyens* tels que le droit à l'enfance, à la considération et à la dignité, à l'hospitalité et à l'asile, à la formation, au rachat, au silence, à la mort volontaire et, par ailleurs, le devoir de préparer le bonheur des générations suivantes par l'exercice de la parenté, la préservation et la transmission des biens essentiels.

Le temps de l'Europe

Aujourd'hui, l'Union européenne n'est qu'un grand marché ; ses principales instances efficaces sont celles qui démantèlent les obstacles à la concurrence, et l'euro n'est pour l'instant qu'une monnaie commune à des sociétés de marché. Elle n'a aucune compétence en matière de sécurité, de politique étrangère, de défense ou de politique industrielle et scientifique. Elle n'a aucune ressource fiscale propre.

La Commission est l'accoucheuse de l'Europe marchande, d'une *société européenne de marché*. Bientôt, elle expliquera aux pays membres qu'il n'est pas normal de laisser les services publics de chaque pays en situation dominante et qu'il convient de les ouvrir plus largement à la concurrence : des cliniques et des universités étrangères soigneront et enseigneront en langue étrangère et se verront accorder les mêmes dotations que les secteurs publics de chaque pays. C'est toute la matrice nationale qui sera alors en cause, sans que soit pour autant créée une identité continentale.

Par ailleurs, l'élargissement débouchera sur une paralysie des institutions – déjà organisée par le traité de Nice – que ne pourra pas réduire un nouveau traité usurpant le nom de « Constitution ». L'Europe ne remplacera pas les nations qu'elle aura détruites par une simple société de marché.

Quand on se rendra compte qu'en 2030 l'Union européenne et les États-Unis additionnés ne représenteront plus que 8 % de la population de la planète pour 50 % de son revenu et 75 % de sa fortune, d'aucuns proposeront de rassembler les deux rives de l'Atlantique et de faire de l'Europe le pan oriental d'une « Union des démocraties occidentales de marché » en conférant une dimension économique à l'Alliance atlantique. Ce serait la fin du projet politique européen.

Pour résister à cette tentation transatlantique qui n'apportera rien ni aux uns ni aux autres, il faudra que l'Europe devienne une véritable entité politique et militaire, une démocratie en soi, un acteur majeur de la sécurité mondiale, qu'elle parle d'une seule voix dans les institutions internationales et mène une politique de développement claire et cohérente. Il lui faudra pour cela :

• *Mettre en place les instruments d'une souveraineté européenne.* Le territoire de l'Union pourra s'élargir à l'Ukraine, à la Russie et même un jour à la Turquie pour ne fermer la porte ni à l'islam ni au monde orthodoxe. Une Assemblée constituante européenne débouchera sur l'élection d'un président de l'Union au suffrage universel, placé au-dessus des instances nationales de gouvernement. Un gouvernement européen sera responsable de la politique étrangère, de la politique de défense, de la sécurité intérieure, d'une agence budgétaire et d'une agence de défense. Une fois définie une politique étrangère commune et désignés le ou les ennemis, on pourra rassembler les armées et les industries de défense. La protection de l'Europe à ses marches exigera une armée capable de maîtriser et assumer toutes les dimensions logistiques, technologiques et diplomatiques de la protection civile et de la dissuasion. Il faudra en particulier conférer un statut à l'arme nucléaire : la notion de l'*intérêt vital*, dont la mise en cause est seule censée justifier le recours à cette arme, ne pourra rester cantonnée au cadre national. Si les Européens sont citoyens d'un même ensemble, la France et la Grande-Bretagne ne pourront donc continuer à prétendre, comme elles le font aujourd'hui, que leur intérêt vital n'est pas menacé quand l'est celui d'un autre État membre de l'Union. La France, en particulier, devra donc partager son arme avec ses voisins au terme du processus de construction de l'Europe politique. La décision d'usage devra pendant une très longue période (plusieurs décennies sans doute) être partagée entre le président français et le président européen.

• *Harmoniser les instruments de la justice, de la sécurité aux frontières, de la protection civile et du contrôle de l'immigration.* Créer des institutions continentales de lutte contre le terrorisme.

• *Intégrer les systèmes éducatifs.* Aucun étudiant ne pourra recevoir un diplôme de mastère sans justifier d'au moins un semestre dans l'université d'un autre pays de l'Union. Aucun ne pourra obtenir un doctorat sans parler couramment au moins deux autres langues de l'Union.

• *Mettre en place les instruments d'une social-démocratie de marché continentale.* À cette fin, transférer au gouvernement de l'Union le financement des grands équipements publics, la gestion des principaux services publics, de la sécurité, de la protection civile et des garanties sociales majeures. L'Union percevra dans ce but directement une part significative de la

TVA et, si nécessaire, demandera le transfert d'autres impôts. Alors que les entreprises américaines et asiatiques sont plus que jamais aidées par leurs gouvernements respectifs – au mépris de la théorie de la démocratie de marché –, il devient urgent que l'Europe se dote elle aussi d'une politique de recherche et d'une politique industrielle, s'arroge un droit de regard sur la propriété des entreprises et sur la politique douanière, incite la Banque européenne d'investissement à utiliser les énormes ressources dont elle dispose pour participer à la constitution d'une industrie européenne puissante et autonome dans tous les secteurs stratégiques. À ces conditions, le continent pourra devenir autre chose qu'un terrain de chasse pour les grands prédateurs financiers de la planète.

• Pour aller plus loin, il faudrait doter l'Europe des moyens d'une *nouvelle social-démocratie*, c'est-à-dire d'une société de la gratuité, de la responsabilité et du savoir ; tous les principes évoqués dans les chantiers précédents pourraient être déclinés à l'échelle continentale.

Si certains de ces principes se révélaient inapplicables faute d'accord entre tous les membres de l'Union – ce qui est vraisemblable –, les pays fondateurs de l'Union, et d'abord la France et l'Allemagne, devraient se rassembler en une entité politique nouvelle dans laquelle ils mettraient en commun l'ensemble des moyens nécessaires à ce projet.

Aider à la naissance d'un gouvernement mondial

Il est illusoire d'imaginer enrayer la marche vers la société de marchandises, même sur un territoire aussi vaste que celui de l'Union européenne, si l'on ne peut en même temps l'envisager plus largement. À terme, la planète deviendra en effet le terrain de chasse de tous les marchés, de tous les marchands. C'est à cette échelle-là qu'il faudra enrayer les risques de transformation de l'espèce humaine en marchandise.

D'ores et déjà, les enjeux écologiques, les progrès des technologies de communication, en réduisant les coûts et les distances, contribuent à la naissance de ce qu'on nomme encore maladroitement une « communauté internationale ». Même si, dans la plupart des cas, les États-Unis campent derrière cette formule creuse qui leur permet d'agir en son nom, la « communauté internationale » commence à se rassembler pour défendre des causes morales désormais presque universellement reconnues.

À côté du système multilatéral né de l'après-guerre qui voit se confronter les intérêts des nations, apparaissent des structures qui prennent directement en compte les intérêts supérieurs de la planète. Ainsi, des organisations civiques (de la Croix-Rouge à Médecins sans frontières) font prévaloir l'idée d'un bien commun à l'humanité, transcendant les intérêts des individus et des nations. Des organisations publiques comme l'Organisation internationale du travail (OIT) et surtout l'Organisation mondiale du commerce (OMC) commencent à être dotées d'un réel pouvoir supranational. Par ailleurs surgissent une multitude d'institutions *ad hoc* qui, de profession en profession, harmonisent les normes comptables, les ratios bancaires, les conditions d'exercice de nombreuses activités. Un des prolongements en est l'émergence d'un droit privé international – d'abord droit des contrats, puis droit des affaires et droit civil à dominante essentiellement anglo-saxonne –, puis d'un droit pénal adopté par différents tribunaux à compétences transnationales. La difficile naissance à Rome de la Cour criminelle internationale (CCI) et l'application des procédures de règlement des disputes de l'Organisation mondiale du commerce (OMC) vont dans ce sens.

Cette évolution pourrait aller beaucoup plus loin. Comme la Première Guerre mondiale a fait naître la Société des Nations, comme la Seconde a accouché de l'Organisation des Nations unies, du Fonds monétaire international et de la Banque mondiale, le début de la « troisième » guerre mondiale, que j'ai déjà évoquée, pourrait conduire la plupart des nations, développées ou non, à organiser la mise en place d'institutions d'un genre nouveau, réellement supranationales, utilisant les nouvelles technologies pour se donner les moyens d'influer sur le cours de l'Histoire. La mise en place de telles institutions pourrait s'imaginer assez aisément.

Il faudra d'abord, pour qu'elles puissent s'installer, que soit gagnée, par les démocrates, la guerre qui les oppose aujourd'hui aux terrorismes. Et pour qu'une telle guerre ne prenne pas de proportions trop massives, on devra organiser tout autrement le monde.

D'abord par une *rationalisation des institutions multilatérales existantes,* en y réduisant le pouvoir des plus riches et en les harmonisant. Par exemple, en soumettant l'OMC aux décisions du BIT pour exiger le respect du droit social par les entreprises et en modifiant les droits de vote à l'intérieur des institutions financières internationales.

On rêvera ensuite à quelque chose comme une instance de gouvernement planétaire, un *Conseil mondial de gouvernement* qui prendrait, dans les domaines étroits où un tel enjeu est de mise, les décisions concernant l'humanité entière, et qui serait doté des moyens de les faire respecter. Un tel Conseil devrait d'abord rassembler tous les pays démocratiques, puis s'étendre à ceux qui voudraient le devenir. Pour constituer une telle esquisse de gouvernement mondial, il suffirait de faire fusionner le G8 avec le Conseil de sécurité des Nations unies en une instance cumulant les pouvoirs de l'un et de l'autre. Pour reposer sur une représentation géographiquement plus vaste et plus démocratique, le Conseil mondial de gouvernement devrait être composé des chefs d'État des pays ayant un siège au Conseil d'administration du FMI et de la Banque mondiale, ce qui permettrait, par le jeu des circonscriptions regroupant plusieurs pays sur un même siège, de représenter l'humanité entière autour d'une table ne comportant qu'une trentaine de sièges. Ce Conseil mondial de gouvernement exercerait progressivement son contrôle sur les institutions planétaires aujourd'hui en place, en particulier les institutions financières internationales, l'Organisation mondiale du commerce, l'OIT, le Tribunal pénal international, les Agences de l'environnement et du désarmement. Une nouvelle instance universelle fixerait la jurisprudence à opposer à la constitution de monopoles. Une Banque centrale planétaire gérerait les relations entre les monnaies qui, peu à peu, à l'instar de ce qui s'est passé en Europe, fusionneraient en une *monnaie mondiale unique*. La Banque mondiale financerait les grandes infrastructures planétaires. La BRI deviendrait une Autorité financière mondiale, chargée de gérer les crises de dettes, pour ne plus laisser ce rôle au FMI (qui est lui-même un des créanciers) et pour enrayer en particulier les crises financières que laisse redouter le développement du capitalisme financier.

Une telle instance aurait, en principe, le monopole du droit à la violence pour faire respecter les principes de la démocratie. Elle aurait donc accès à toutes les sources de renseignement et d'action policière. Un tel exécutif mondial serait placé sous le contrôle de l'Assemblée générale des Nations unies et d'une autre assemblée où pourraient être représentées les organisations civiques, les instances scientifiques et les entreprises.

Ces assemblées élaboreraient progressivement une *Charte mondiale des droits fondamentaux* rassemblant la Déclaration universelle des droits de l'homme de 1946, le Pacte sur les droits civils et politiques et celui sur les droits économiques et sociaux de 1966. Un préambule regrouperait tous les droits et devoirs à venir avec les actuels droits et devoirs de l'homme. Cette Charte établirait une liste des *biens planétaires essentiels*, c'est-à-dire des ressources nécessaires à la survie des générations présentes et à venir, dont chacune n'est que la dépositaire, l'éphémère gestionnaire, et doit se montrer la respectueuse et économe bénéficiaire. Elle assurerait à chacun le droit de vivre en démocratie, le droit à la paix, à la tolérance, à la sécurité pour lui-même, ses proches et ses biens, les droits de l'homme, les droits du travail, les droits sociaux, le droit à la qualité de l'air, l'accès à l'eau potable, le droit au logement, l'égalité des sexes, la séparation du religieux et du politique, la protection du patrimoine, celle de la diversité culturelle, génétique et environnementale, etc.

Se mettrait ainsi en place un *espace judiciaire mondial* tel que toute personne violant la Charte mondiale des droits fondamentaux serait passible d'une cour spécifique dont la légitimité dériverait du Conseil mondial de gouvernement et dont la décision serait appliquée par une force internationale de police dépendant elle-même de ce Conseil. Ce système de sécurité planétaire garantirait l'équivalence des crimes et délits d'un pays à l'autre. La compétence de cette cour s'étendrait par priorité à six domaines majeurs : les crimes contre l'humanité et les actes de terrorisme, la violation des droits de l'enfant, la traite d'êtres humains, les crimes contre l'environnement, les trafics d'armes et de drogues, les délits économiques majeurs.

Le Conseil mondial de gouvernement pourrait exclure temporairement du bénéfice des prestations des institutions financières internationales tout pays ayant violé cette Charte. Il jouirait progressivement, pour la faire respecter, du monopole du droit à la violence et de l'usage des armes qui ne seraient plus de guerre, mais de police.

Un tel Conseil pourrait reprendre à son compte les principaux objectifs économiques et sociaux déjà définis par les pays membres des Nations unies pour 2015, objectifs aujourd'hui manifestement inatteignables : réduire de moitié la proportion de la population mondiale dont le revenu est inférieur à un dollar par jour, qui souffre de la faim, qui n'a pas accès de façon durable à un approvisionnement en eau potable, et le nombre de ceux qui vivent dans des taudis ; assurer l'éducation primaire à tous les enfants, éliminer les disparités entre les sexes dans les enseignements primaire et secondaire ; réduire des deux tiers le taux de mortalité maternelle ; stopper la propagation du sida, du paludisme et d'autres grandes maladies ; ouvrir les marchés du Nord aux produits du Sud ; alléger la dette des pays pauvres surendettés. Il faudrait ajouter à ces impératifs une élimination du commerce entre entités privées des armes de guerre et des moyens du terrorisme, la mise en place de moyens planétaires de protection civile, une modification de la doctrine du Fonds monétaire international et de la Banque mondiale pour encourager les dépenses d'éducation et de santé, l'instauration de règles plus équitables en matière de commerce international, d'investissement, de finance et de migrations, la promotion des normes fondamentales du travail et l'établissement d'une protection sociale minimale.

À supposer qu'ils soient un jour atteints par l'action d'un Conseil mondial de gouvernement, de tels objectifs ne suffiraient évidemment pas à doter l'humanité entière du niveau et du mode de vie dont disposent aujourd'hui les habitants des pays riches. Si tel était le cas, ce serait d'ailleurs sans doute au prix d'un formidable gaspillage écologique et d'un bouleversement climatique.

Si une *nouvelle social-démocratie planétaire* devenait un jour envisageable, elle devrait se fixer des objectifs à la fois plus éthiques et plus ambitieux, en particulier la protection des *biens planétaires essentiels*, le développement de la gratuité et de la responsabilité, la généralisation du droit au savoir, enfin la mise en réseau des dix milliards de cerveaux que portera la planète à la fin du siècle.

Ces objectifs sont à l'évidence absolument inaccessibles en l'état actuel du partage des pouvoirs à la surface du globe : l'humanité ne consacre aujourd'hui que 50 milliards de dollars à l'aide au développement, contre 300 milliards aux subventions agricoles et 800 milliards aux dépenses militaires.

Pour financer son action, un Conseil mondial de gouvernement devrait disposer d'une administration chargée de collecter un impôt et d'une Assemblée planétaire pour le voter et le répartir entre les diverses fonctions. D'aucuns ont proposé de taxer, à cette fin, les mouvements de capitaux (impôt dit « taxe Tobin »), mais les variations de change ne sont plus le principal facteur de sous-développement et il vaudrait beaucoup mieux taxer les émissions de gaz carbonique, nuisance planétaire majeure : une telle taxe accélérerait l'émergence de nouvelles technologies et le recours à des énergies douces, réduisant les mutations climatiques et aidant à l'apparition d'un nouveau mode de vie moins gaspilleur de ressources matérielles et plus tourné vers les activités relationnelles.

*

Pour ouvrir de tels chantiers, pour emprunter la voie humaine, il faudrait d'abord sortir de la peur, si mauvaise conseillère, qui pousse à l'égoïsme, à la fermeture, au pacifisme ou aux représailles aveugles.

Et lutter contre la violence par le développement. Dans tout pays, un tel projet est possible.

Les mesures qu'il exige seraient d'autant plus faciles à engager qu'elles seraient lancées simultané-ment : on l'a vu, beaucoup d'entre elles sont suscep-tibles d'interagir et de se renforcer les unes les autres ; leur mise en œuvre ne passe pas nécessairement par davantage d'impôts ni par des déficits publics accrus. Elle suppose d'abord une réforme de la gouvernance de l'État et des entreprises, une réforme fiscale favo-risant les revenus du travail, une réforme de l'éduca-tion donnant à chacun ses chances dans la société de marché. Elle passe aussi et surtout par une nouvelle approche de l'action politique, une autre vision du monde et de la voie humaine. Elle suppose d'oser envisager de vastes mutations et la mise en place d'outils nouveaux favorisant l'équité sociale, l'inté-gration civique, la diversité culturelle, la responsabi-lité et la gratuité – les outils du *bon temps*.

Par exemple, il est pensable, du jour au lendemain, de créer un statut d'activité socialement utile, de le rémunérer par un revenu décent et, par là même, de *supprimer le concept même de chômage* – sauf pour ceux qui, volontairement, préféreraient la marginalité à toute participation à la vie collective.

Tout cela doit se faire sans se limiter à une incanta-tion, ni se transformer en dictature : le chemin est glissant de l'utopie au goulag. Et une société libre imparfaite vaut mieux qu'une perfection totalitaire.

Aux citoyens de s'emparer ou de rejeter un tel projet, sans peur, sans lâcheté, sans bravade. À eux, à tout le moins, d'en débattre. De décider s'ils veulent en rester aux batailles étriquées, aux enjeux imposés de l'extérieur, aux réformettes d'un jour, à la droite cynique, à la gauche maladroite, aux simples permutations de personnes, aux diktats de la superpuissance ou du superterrorisme.

Les citoyens pourront penser qu'un tel projet global est vain, affirmer qu'ils aspirent seulement à vivre un peu mieux, à se distraire un peu plus. En toute sécurité. Et que le bon temps, pour eux, n'est rien d'autre que celui du spectateur.

Dans ce cas, la politique est déjà morte, et l'humanité le sera bientôt.

*

Pour jouer, en France, un rôle dans cet avenir, un parti devrait rassembler autour de lui les classes défavorisées, l'essentiel des classes moyennes et des cadres. S'il se décide à le vouloir, il lui faudra mettre l'homme et la société – et non pas la perpétuation de son propre appareil – au centre de ses préoccupations, penser le monde pour tenter d'agir sur lui. Au-delà, rassembler tous ceux, où qu'ils soient, qui pensent au sort de la planète, et tous ceux, où qu'ils soient, qui pensent à leurs voisins : ce sont les mêmes.

Il lui faudra participer, à sa place, à l'élaboration d'une éthique nouvelle où chacun serait conscient de sa responsabilité dans la survie des collectivités auxquelles il appartient.

Les gens dits de gauche ne pourront aller dans cette voie sans changer d'attitude, prendre de la hauteur, débattre entre eux et avec les autres des grands enjeux nationaux, européens et planétaires dont il a été question ici. Il leur faudra être beaucoup plus qu'une machine à désigner des candidats, à élaborer en hâte des plates-formes, à gagner des élections, à prendre le pouvoir, à l'exercer et à se donner les moyens de le conserver.

Ils devront non seulement expliquer ces enjeux, mais aussi donner eux-mêmes l'exemple du *bon temps*, devenir une instance relationnelle, jouer un rôle dans leur quartier, acteurs de la vie civique aidant les gens, par une action concrète de tous les instants et par une écoute intense des besoins et des désirs, à accéder aux biens essentiels et appuyer la tâche des syndicats et associations. Ils veilleront à dénoncer et prendre en charge, dans la vie quotidienne, les misères dont ils ont à connaître.

Ils donneraient ainsi l'exemple d'une nouvelle façon de faire de la politique : se mettre au service des autres sans escompter pour autant que ce dévouement se traduise un jour par une quelconque victoire élec-torale, sans attendre que le nécessaire devienne possible, sans penser recevoir, sans parier sur une éventuelle réciprocité, sans guetter un remerciement. Être anonymement généreux sans esprit de retour. Estimer que c'est un privilège qu'être en situation de pouvoir se rendre utile.

Ces attitudes peuvent sembler aux antipodes de l'action politique médiatisée d'aujourd'hui, où la moindre visite d'hôpital, la moindre main tendue à la victime implique la présence de caméras. Il faut savoir y résister : le rêveur se tient à l'écart. Jusqu'à entraîner les autres à rêver.

Quand Thomas More rêvait de faire élire les dirigeants de son île imaginaire, Utopie, il n'ignorait pas qu'il faudrait attendre très longtemps avant qu'une telle perspective devienne plausible dans l'Angleterre bien réelle où il vivait. Il n'a fallu que trois siècles pour y parvenir. Ça n'est pas grand-chose.

Nous en sommes aujourd'hui à la préhistoire d'une nouvelle utopie, à l'orée de la voie humaine. Reste à s'y engager, dans la violence de l'instant, la modestie du quotidien et la démesure de l'idéal.

Table

Achevé de composer par
Paris PhotoComposition
75017 Paris

Impression réalisée sur CAMERON par
BRODARD ET TAUPIN
La Flèche

pour le compte des Éditions Fayard
en mars 2004

Imprimé en France
Dépôt légal : avril 2004
N° d'édition : 45481 – N° d'impression : 23515
ISBN : 2-213-61934-4
35-57-2134-1/01